不完美，才能看見真幸福

打破完美的迷思，領悟幸福的真義

專業心理諮商師
黃德惠
真情力作

【序】

幸福的現場，就在你心裡

在旅行的時候，曾經聽導遊說過一個傳說：在喜馬拉雅山的高山上，生長著一種珍稀的花朵，她的花期特別短，在一天之內，就完成了綻放與凋謝的生命歷程，當地人稱她作「幸福之花」或是「幸運之花」，象徵著能見證開花時刻的幸運兒，就能獲得一生最想要的幸福。

曾有個心懷夢想的年輕人，不惜跋山涉水去尋找這朵花，果然讓他找到傳說中的花朵，見證了花開、花落，不過美景當前，他卻依然感受不到一絲幸福。

於是，他就問當地部族的長老：「為什麼我費盡心力找到幸福之花，幸福的奇蹟卻從未降臨在我身上呢？」

長老說：「其實，幸福之花並非只有喜馬拉雅山才有，幸福之花的根，就是我們每個人的心，只要你擁有幸福之根，隨時都可以擁有幸福，但如果你心中沒有幸福之根，就算擁有幸福之花，心靈也會感到一片荒蕪。」

有些人終生都在尋找自己的幸福之花，但大多數人比較常感受到的是，幸福總是圍繞在別人身邊，不幸卻總是如影隨形地糾纏著自己。

貧窮的人以為有了錢，就可以得到富足的幸福；追求完美的女人以為變美麗，就能得到愛情的幸福；小孩總盼望快快長大，離開充滿升學壓力的環境，就可以得到自由的幸福，大人卻幻想著，如果能回到過去，無憂無慮的童年才是最大的幸福……結果，煩惱只是有增無減，不幸福的人仍然難得幸福。

美國作家霍桑（Nathaniel Hawthorne）曾說：「幸福是一隻蝴蝶，當你想要追逐牠的時候，總是追不到；但如果你靜悄悄地坐下來，牠或許會停在你身上。」一

其實想要幸福很容易，幸福就像空氣一樣，始終在我們身邊；幸福就像每天的陽光一樣，每天都會照耀在我們身上。只是我們習慣了一切理所當然的存在，於是將真正的幸福束之高閣，不聞不問。

有時，幸福的感覺就像綻放的曇花，瞬間就可能凋零。但這又有什麼關係呢？只要我們感覺到了它的存在，並珍惜它的存在，幸福的感受就會泉湧而生。

或許你還不能體會到自己現在所擁有的一切是那麼得來不易，對生活各層面都充滿了不滿、抱怨，建議你打開本書，重新釐清自己想要的幸福，你會發現，每一種不完美的考驗，都不是偶然，而是幫助你獲得真正幸福的每一步。

Chapter 1
不完美的人生，其實更幸運

Chapter 2

知福惜福，讓幸福恆久遠

Chapter 3

填補欲望坑洞，讓心靈富足

Chapter 4

幸福紓壓，走出牛角尖

Chapter 5

打開心門，讓幸福傳出去

Imperfection Helps You Earn the True Happiness in Life.

「有些東西你想要而沒有，這就是幸福不可缺少的一部分。」

英國哲學家 **羅素**（*Russel Bertrand*）

Chapter 1

不完美的人生，其實更幸運

你離幸福還有多遠？

幸福顯微鏡

1. 你認為下面哪個描述最符合你對現況的感受？

A. 我對現有的一切感到滿足、滿意。
B. 我覺得目前的生活很安定、平和。
C. 我現在是必須努力奮鬥的階段。
D. 我覺得現在怎麼做都不對，感到很倒楣又自卑。

2. 你喜歡自己的生肖或星座嗎？

A. 是的，我很喜歡。
B. 我從來不迷信這些，只相信自己。
C. 沒什麼特別感覺，還可以。
D. 我不喜歡自己的生肖或星座。

3. 你是否認為自己曾經做過許多愚蠢的決定？

A. 沒有，無論是過去還是現在，我都沒有做過愚蠢的決定。
B. 曾有些錯誤的決定，但談不上愚蠢，我認為那是每個人成長的必經過程。
C. 我曾有過一、兩件記憶猶新的愚蠢決定。
D. 我常常做決定又後悔，現在回想起來，我依然耿耿於懷、寢食難安。

4. **你是否常常回首從前，感慨自己有許多夢想仍未實現？**

Ⓐ．從來沒有，我對現在的生活很滿足，沒有什麼好後悔的。
Ⓑ．很少這樣，即便有也只是懷舊、感慨一下。
Ⓒ．常常如此，如果我能到達以前想要的目標，現在的生活就不是這樣了。
Ⓓ．這樣的想法太多了，現在都不願意再想了。

5. **對於目前的工作，你覺得適合自己嗎？**

Ⓐ．我很喜歡這份工作，這份工作也很適合我。
Ⓑ．雖然我不太喜歡目前的工作，但我依然會努力做好。
Ⓒ．工作只不過是生存的手段，生活的一部分。
Ⓓ．我對現在的工作很不滿意，正想尋求跳槽的機會。

6. **隨著歲月的流逝，你對年齡漸增有什麼感受？**

Ⓐ．人成長了，才有機會和能力去做你喜歡的事，實現你的夢想。
Ⓑ．事情似乎要比自己原先想像的好很多，長大了，做事也比較成熟。
Ⓒ．人都要長大，沒什麼特別的感覺。
Ⓓ．感覺年齡越大，煩惱越多。

7. **週末或者假期的時候，你是否都很放鬆、快樂？**

Ⓐ．是的，我很享受假期的每一分鐘，既快樂又放鬆。

Ⓑ．有時候假期也不能完全放鬆。
Ⓒ．假期很無聊，還不如上班。
Ⓓ．我基本上沒有固定的週末假期，因為常常要應酬或者加班。

8. 你覺得自己是一個善於掌握機會的人嗎？

Ⓐ．我認為自己不但是個善於把握機會的人，還是一個善於創造機會的人。
Ⓑ．我的機會並不多，但是都能盡量抓住。
Ⓒ．機會對於我來說就像流星，總是擦身而過。
Ⓓ．我覺得自己很倒楣，從來都沒遇過什麼好機會。

9. 你認為自己現下的生活狀態怎麼樣？

Ⓐ．我認為現在是自己一生中最美好的時光。
Ⓑ．我認為現在的生活有苦有樂，我很知足。
Ⓒ．我認為現在的生活平淡無奇。
Ⓓ．我認為現在的生活很糟糕，我懷念以前的生活，更憧憬未來的生活。

10. 你覺得最近會遇到一些有趣又令人愉快的事嗎？

Ⓐ．是的。
Ⓑ．也許吧。
Ⓒ．沒想過。

Ⓓ．不太可能，最近比較倒楣。

11. 你認為自己生活中一直有貴人相助嗎？

Ⓐ．是的，我身邊一直都有貴人相助。

Ⓑ．我的貴人不多，但總在關鍵時刻出現。

Ⓒ．看到別人有貴人相助很羨慕，我都沒遇過。

Ⓓ．我從來不相信有貴人，一直靠自己努力奮鬥。

12. 和好友們一起吃火鍋時，你的表現比較接近下列哪一種？

Ⓐ．我會一邊幫大家加菜，一邊招呼朋友儘量吃。

Ⓑ．我自己吃完，再次去拿菜時，才會順便問朋友要不要加菜。

Ⓒ．我會默默地吃，吃完再默默地去拿菜。

Ⓓ．我只拿自己愛吃的菜，吃完以後就等別人幫我拿。

13. 和朋友們一起去KTV時，他們大多常點哪一類的歌？

Ⓐ．很High的快歌。

Ⓑ．很會破音、走調的歌。

Ⓒ．催淚的抒情歌曲。

Ⓓ．不知什麼年代的老歌。

14. 有一天，你在facebook上突然看到小學同學的留言，他現在已經是一家實業公司的老闆，而且還結婚了，你覺得如何？

Ⓐ．一個人能在事業和愛情上雙雙豐收很難得，我為他感到高興。
Ⓑ．他有他的生活，我有我的生活，無所謂羨慕與嫉妒。
Ⓒ．他以前功課很差、人緣也普普，現在混得這麼好，一定有什麼不可告人的經過。
Ⓓ．太多年都沒聯絡了，怎麼會突然和我聯絡，他說的話我覺得半信半疑。

15. 你對「現實生活」的感受如何？

Ⓐ．我認為生活只會越過越好。
Ⓑ．生活很艱難，並不是所有人都越過越好。
Ⓒ．無所謂的越來越好，還是越來越壞，都要繼續努力活下去。
Ⓓ．年齡越大，壓力就越大，生活就越艱難。

計分標準

選A得3分；選B得2分；選C得1分；選D得0分。將各題得分累計加總，就能算出你的幸福指數。

結果分析

得分為0～11分：你的幸福指數★

你對於過去充滿了懊悔，對於未來又心存懷疑，當下的生活也並不快樂。每天為了生活的忙碌和奔波，讓你變得焦躁又自卑。建議你找個想法比較成熟的朋友聊聊天，為你開導一下，調整一下自己面對生活的心態。另外，可以多閱讀幾遍本書的「幸福便利貼」，相信一定會對你現在的心態有所改善。

得分為12～23分：你的幸福指數★★

也許是你的收入、工作、婚姻狀況都不如你所願，所以讓你容易沮喪，情緒低落。你不妨檢討一下自己的觀念，看看是不是自己的目標太高，過分追求完美。改變一下觀念，不要給自己那麼大的壓力，或許你會感覺生活更輕鬆，得到幸福其實很簡單。

得分為24～35分：你的幸福指數★★★

和多數人一樣，你的生活平淡、安定，有喜有憂。你是一個比較知足的人，對生活、對幸福的要求都不高，所以，煩惱和憂愁較少。但是在生活和工作中，你缺乏熱情和創新，這有點美中不足。

得分為36～45分：你的幸福指數★★★★

你很樂觀又自信，也擁有很多好朋友。或許你不一定是個很富有的人，但面對生活，你的心態總是很積極又正面。能夠擁有幸福心態的人，才可以延續幸福，建議你用快樂的能量感染不快樂的人，能夠擁有並與他人分享的人，他的幸福是無可限量的。

幸福不在別人眼中，而在你心裡

幸福是什麼？

當你問一千個人，可能就會得到一千種答案……

「幸福就是可以住豪宅，開限量的藍寶堅尼跑車，擁有取之不盡的錢。」

「幸福就是到世界各地旅遊，嘗盡各地的美食。」

「幸福就是辛苦工作回家後，看到老婆、孩子的笑容。」

「幸福就是在每天疲累的工作後，可以飽飽地睡上一覺。」

「幸福就是可以和男朋友窩在家裡的沙發上，看浪漫的DVD。」

「幸福就是可以中樂透頭獎。」

「……。」

不論你認不認同，這卻是很多人心中的願望，有的看似遙遠，有的卻很平實，那麼，幸福到底是什麼？有標準的公式或答案嗎？

幸福的答案只有自己知道

其實，這些說法都沒錯，幸福是從內心油然而生的滿足和快樂，這種精神上的正面力量，可以讓我們擁有愉悅的心情，面對生活也會更加積極。

在一九二〇年的某個夏天，英國著名的哲學家羅素（Russel Bertrand）到中國的四川旅遊，羅素與友人坐著兩人抬的竹轎要上峨眉山。當時，天氣異常炎熱，山路又十分險峻，轎夫們抬得汗流浹背，氣喘吁吁。

看到此景，羅素心裡覺得很愧疚不安，心想：在這樣惡劣的環境下工作，他們的內心一定很痛苦，相較而言，我比他們幸福多了，等下應該要給他們多一點小費。

後來，到了半山腰的一個小平台上，幾個轎夫停下來休息，羅素很想和他們聊聊，感謝他們的辛勞。

但是眼前的景象徹底打消了他心中原來的想法。

他看到幾個轎夫坐在一起，叼著煙斗，有說有笑，聊著自己聽不懂卻似乎很開心的事情，絲毫沒有怨天尤人的怒氣，也不覺得自己的命運很悲苦。

用自以為是的眼光，看待別人的幸福是錯誤的。

看到此情此景，羅素開始反思自己：「我為什麼會覺得他們不幸福？我憑什麼同情他們？」後來，他總結心得，寫出一條著名的人生觀：用自以為是的眼光，看待別人的幸福是錯誤的。

學識淵博的羅素很有憐憫之心，在剛開始坐上轎子那一刻，看到轎夫們頂著烈日，抬著他行走在險峻的峨眉山上，他心生酸楚，認為轎夫很辛苦，自然也很不幸。

然而他錯了，外界環境給轎夫帶來的只是身體上的勞累，而他們的內心，卻是幸福的。

困難時，更要保有希望

在貧苦的邊緣，幸福仍然可以光顧，在光鮮的背後，幸福也許仍然味同嚼蠟。是否幸福，不在於你所處的環境，而在於你所營造的心境，是否幸福，不是因為你擁有了什麼，而是因為你內心感覺到了什麼。

所以，你不必因為沒有好工作，而感到不幸；不必因為沒有自己的房子，而覺得心裡不踏實，也不必因為一時的挫折和失敗，而感覺自己一輩子命運不濟，因為你擁有的幸福，不是外界可以給予你的，而是由你的內心創造的。

幸福感的增加是內心能量的累積，而非一蹴可即的成品。

對真正能夠感受到幸福的人而言，外界的一切只不過是杯水車薪的破壞或是錦上添花，唯有幸福的內心才是成就我們人生的主體，有了如此強大的能量，我們才有更多的動力去朝自己的夢想邁進，從困境中學會成長。

所以，幸福不用和別人評比，只要它抓住了你心中最亟需的感動、快樂、溫暖與歡笑，就是世上最無可取代的幸福時刻。

是否幸福，不是因為你擁有了什麼，而是因為你的內心感覺到了什麼。

幸福便利貼

The Pursuit of Happiness

請記住，幸福取決於我們的內心狀態，而不是我們所處的環境、擁有的地位、銀行存款的數字……等等。

很多時候，面臨同樣的事件，幸福的感受卻完全是由我們的想法來決定。

例如，遇到困難時，你會認為困難就註定了自己的失敗，還是把困難看作是一個學習和成長的機會呢？

把幸福寄託到別人身上和外在環境，永遠是不可控制的，但只要培養一顆隨遇而安的心，幸福感就能長伴左右。

沒有自己的地方，就沒有天堂

蘋果公司（Apple,Inc.）的CEO史提夫・賈伯斯（Steve Paul Jobs）曾在史丹佛大學為即將畢業的大學生，演說過一場著名的演講。

賈伯斯說：「每個人的時間都是有限的，所以不要浪費時間在其他人的生命上，別讓那些隨著某些人思想而來的教條所約束，別讓他人的噪音壓過你內心的渴求。最重要的是，要有勇氣去跟隨你內心的渴求。」

相信這句話也能給你一些感觸。

在生命中，有很多關心我們的人，包括我們的親人、情人、朋友等，他們在我們的生命中都扮演著舉足輕重的地位，也給予我們很多幫助，但是，這些「最重要的人」，往往也是最容易左右我們的人，他們的想法和建議有時還會為我們帶來困擾，甚至造成傷害。

例如，大學畢業後，他們可能常常會在我們耳邊碎碎唸：

「現在經濟不景氣，當公務員比較穩定，上、下班時間也很固定。」

「到銀行上班比較好，薪水、福利都不錯，還可以學著幫自己理財。」

「當老師好了，每年還有寒、暑假可以休，工作又輕鬆。」

「你的工作我已經幫你安排好了，就在我朋友的公司當特助，你就不用辛苦地找工作了。」

這些為了我們的幸福著想，卻又讓我們無所適從的一聲聲建議，逐漸遮蔽了我們心裡真正的渴望與夢想，也讓我們遠離了本該屬於自己的幸福。

忘了別人的期許，做自己的夢

在這個世界上，我們每個人都註定會從事不同的職業，過不同的生活，每個人也都在不同的行業中，尋找自己人生的意義。

然而，我們卻又容易被別人的觀點所左右，大多數時候，我們都不是一個理智的選擇者，往往對自己不夠自信，最後只能隨波逐流，卻又為了不符合職志而慨歎，這也是大多數人經常感到不夠幸福、最終碌碌無為的根源。

其實，每個人對自己的人生都有不同的期許，因此我們應該尊重自己內心的渴望，

唯有忠於自己的內心渴望，才有機會接近幸福。

雖然不一定能夠完全符合其他人心中的期待，但至少你知道自己是在做什麼？為何而做？這樣才有機會收獲豐富和充滿熱情的人生。

你知道，如果讓物理學家愛因斯坦（Albert Einstein）去當美國總統，或是讓美國總統歐巴馬（Barack Obama）去發明相對論是一樣荒謬的事。

每個人天生的性格與經歷，不論是外向和內向，熱情和內斂，對事物的投入與規劃，都會讓我們選擇不同的人生。

沒有什麼道路是對的，什麼道路是錯的，唯有忠於自己的內心渴望，走自己喜歡的路，追求自己的人生使命，才會更接近幸福。

你才是自己人生的主角

伊麗莎剛從哈佛大學畢業，就接到一家業界極為知名公司的聘請信，但這家公司的營業項目卻與她的興趣大相逕庭，讓她感到很困惑，於是她決定去找學校的教授談一談。

伊麗莎對教授說：「我不喜歡這份工作，卻又難以拒絕。雖然其他公司有我喜歡的工作，但薪水卻又比不上這家公司。我覺得很心煩，不知何時才能真正過得無憂無慮，不必再擔心未來？」

教授告訴她：「你覺得很煩惱，是因為人生還有無限可能，所以不用因此焦慮，而是應該慶幸你還有選擇的權利。」此外，不要問自己：「何時才能開心？」，應該問：「如何才能開心？」

是選擇自己喜歡的、薪水少的工作開心，還是選擇自己不喜歡、薪水高的工作開心？這才是你目前最需要考慮的。

伊麗莎聽到教授的開導後恍然大悟，若有所思地點點頭……。

其實，任何行業、工作都無所謂好與壞，關鍵就在於「你到底喜歡什麼、從事什麼樣的工作，能讓你得到真正的幸福與快樂」？

任何生活也不可能為你帶來永久的幸福，有些時候，或許我們不得不犧牲一點快樂，去換取目標的實現，但更重要的是，不要忘記去發掘能為我們帶來即時幸福的事物。

或許只是很微小的事物，例如冬天的一杯鮮奶茶，也或許是一個遠大的目標。但只要能感動你的內心，就是任何人也奪不走的幸福能量，也唯有這份充沛的精神力，才能夠讓你離夢想更近。

不要問自己：「何時才能開心？」，應該問：「如何才能開心？」

✦ 幸福便利貼 ✦

The Pursuit of Happiness

每個人都會有各種的夢想和渴求，例如渴望事業的成功、舒適的工作環境、溫馨的家庭、愉快的旅行，這些都無可厚非，也是人類心理上的正常需求。

對於內心的這些渴望，我們應予以重視，不要過分壓制。因為你的夢想如果不能得以實踐，它就會像一頭蠢蠢欲動的野獸，在你的內心中不停地東奔西撞，讓你滿腹牢騷，甚至憤世嫉俗。

或許夢想的目標難以在短時間內達成，但一定有通往夢想的道路或台階，只是你尚未發現，或缺乏自信不敢嘗試。

請跨出第一步吧！

如果想旅行，就開始存錢；如果想繼續進修，請利用下班後或假日的時間來學習；如果想找到理想的另一半，就要打開心胸多認識新朋友。

或許現下的不完美境況，是為了讓我們有機會修正自己，才能擁有得來不易的幸福。

因為，人生真正的希望與幸福，除了自己以外，不會有任何人會幫我們爭取，試著拋下他人的期望與世俗的包袱，順著自己的心，像《享受吧！一個人的旅行》電影中的女主角，朝著夢想出走吧！

即使過著完美的生活，也不會無欲無求

即使有一天，你撿到神燈，遇到了許願精靈，得到了自認為理想的生活，很快地，你還是會想得到更多，甚至失去原有的小小幸福，而變得困惑起來：我究竟想要什麼？

曾經有專家這樣說：不要問自己想要的是什麼，而要問自己最不能失去的是什麼，那才是你最終的幸福歸宿。

擁有越多，並不等於幸福越多

人生究竟什麼最重要？

是事業、婚姻、家庭，還是親情、友情、愛情，或是權勢、名聲、財富……？我們什麼都想要，不確定會把誰放在第一位，因為這些條件都是那麼誘人，只好索性在心中並列第一。

問題是，想要的太多，這些欲望也迷惑了我們的眼睛，攪亂了我們的心智，使我們忙於攫取，而變得越來越貪得無厭，擁有再多也不懂得知足。

不要問自己想要的是什麼，而要問自己最不能失去的是什麼。

還有兩年車貸要繳的人，卻已經選好了下一次要買的車；在股海中浮沉多年，一支股票漲了一倍，卻還不願意出場，還在等著它可以翻兩倍、三倍的利潤；明明有了一整個衣櫃的衣服，別人身上的衣服卻總是最吸引你的目光，無窮無盡的欲望包圍著我們的心，好像擁有就會快樂，但往往是擁有後，卻又想要擁有更多。

俗話說：「人心高過天，當了皇帝又想神仙。」

如同秦始皇，統一了天下，得到了萬物的統馭權後，卻還想羽化成仙，到處尋找能讓自己長生不老的神丹妙藥。

所以，何謂完美？完美的生活是永遠都不存在的。

所以，我們應該問自己：什麼才是我們最不能失去的？沒有了它，我們就無法生活，感覺人生就沒有了意義，那是什麼？是事業還是愛情？是自由還是牽絆？是平實還是浪漫？……考慮清楚後，再努力抓住它，其他的就不要太計較，該放掉就放掉，有所得就必有所失。

缺少，讓人生更完整

其實，當我們缺少一些東西時，往往會有一種更完整的感覺。

一個擁有一切的人，在某種意義上卻是個窮人，因為他永遠不知道求助、希望和夢想的感覺，永遠沒有自己最想要的東西，也失去了被別人給予的幸福經歷。不完美本身就是生命的一部分，想通了這一點，才能真正體會現下的快樂。

我很喜歡去海邊，尤其台灣又是一個靠海的國度，讓我一有難得的空閒，就會想要朝一望無際的海邊跑。

海灘上，常常有情侶、家人一起出遊的身影，吹著海風，每個人的心情都看起來格外輕盈，也時常讓我有些特別的靈感與體悟。

有一次，遇到一群孩子在海邊撿貝殼，沙灘上有許多被海浪打到岸邊的貝殼，像散落在地上的行星，在沙灘的小宇宙中閃閃發亮。

一個孩子在沙灘上到處尋找那個最美麗的貝殼，他一個個撿起，又一個個扔掉。經過了數個小時，他始終沒有找到自認為完美的貝殼。

一個擁有一切的人，在某種意義上卻是個窮人。

　　但他的同伴卻不這樣想，他們找到一個貝殼，就撿起一個放到口袋中，好像撿到什麼珍貴的寶物，然後就興高采烈地回家了。

　　只剩下這個追求完美的孩子還在岸邊懊惱地尋找著，一邊抱怨自己的運氣為什麼這麼差，為什麼不能找到那個最美麗的貝殼？

　　其實他不明白：最完美的貝殼永遠都在未知處，你可能一輩子都找不到。那麼，為什麼不撿起身邊現有的呢？

　　或許你失去了找到璀璨貝殼的驚喜，但是世界上沒有一個一模一樣的貝殼，只要你願意彎腰拾起，一個個的貝殼就像是一個個無可取代的生命經驗，或許會辛苦、或許會悲傷，卻在你的生命宇宙中閃閃發光。

每個人都在尋找通往幸福的道路，卻容易迷失在尋找的中途。

幸福便利貼

The Pursuit of Happiness

曾經在某本書上，看過一個國外的畫家這麼說：「唯有用華美的外表，才能遮蔽空乏的心靈。」所以，生命的幸福與否，並不在於生活是否完美，而是在於一個人的心靈是否豐富。

在這個蔚為時尚的時代，經過服裝雜誌的教化，每個人都很講究自己的衣著、美貌，好不容易存下了一筆錢，卻又想著該買Fendi還是Chanel的包來犒賞自己，但是，卻沒有想過自己是否真的需要那個包包？似乎買了名牌，就可以暫時抑制一下購物的慾望，把自己的快樂與更衣室中名牌的等級畫上等號，卻可能因此失去了品味無價快樂的生活。

試著訓練一下自己的意志力，偶爾缺少一些東西，心靈並不會因此崩落，甚至會有更意想不到的驚喜會填補這份缺口，了解什麼是你生命中最重要的，什麼是可有可無的，找對前往幸福的道路，一點都不難。

至於那些感受不到幸福的人而言，生活、夢想永遠都因追尋不著，而像一個陷入苦戰的戰場：對於那些懂得品味點滴幸福的人而言，生活就是一場饗宴，如果人生都是全糖的咖啡，一下子就喝膩了；但如果半苦半甜，更能體會箇中美味。

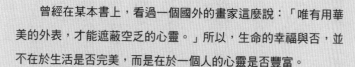

找到幸福路標，畫出你的幸福路線

美國加州州立大學的心理學家寇特曾對兩百七十五名自願的學生進行了心理普查的研究。

透過對這些人的性格、情緒、幸福感等進行分析，他們驚訝的發現：在學習時，開朗的學生，會比心情壓抑的學生更容易考取高分。

這讓我們知道，一個人能否達到目標，並不單靠努力就能獲得，還需要正向的心態，而人們往往卻為了追求目標，失去快樂，這樣只會讓我們越來越遠離幸福的目的地。

放棄追求浮華的假象

媒體的報導總是充滿著戲劇化，把很多現象打造成一種不存在的神話，常常在報紙上比較女星丈夫的身價，卻忘了在這些數字的背後，還有許多更珍貴的東西，或許更讓人感動。

就像現在社會一直在推崇的時尚名媛，以為女人只要生活富足、保持美麗，就能幸福，但是，這是真相嗎？擁有美麗、努力賺錢並沒有什麼不對，但如果為了欲望而淪落了，失去了自我，只能享受美麗的空洞，靈魂反而更痛苦。

某次在聚會時，聽到男性友人在聊酒店的話題。據說現在的酒店妹，已經被清新的大學生所代替了。

因為一小時的坐檯費可能就有一千元（這還只是指純陪酒、伴唱），遠遠比在速食店打工，一小時還不到一百元，超出十倍之多。

所以很多學生，都拉同學一起「下海打工」。原本，只是為了償還四十幾萬的就學貸款，但奢侈的生活過得習慣了，就更難以回到平凡的生活了，儘管我覺得很不可思議，但這些說法也屢次在社會版的新聞中被證實。

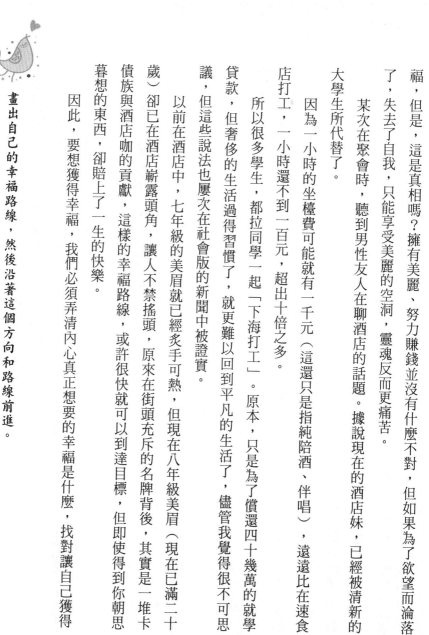

以前在酒店中，七年級的美眉就已經炙手可熱，但現在八年級美眉（現在已滿二十歲）卻已在酒店嶄露頭角，讓人不禁搖頭，原來在街頭充斥的名牌背後，其實是一堆卡債族與酒店咖的貢獻，這樣的幸福路線，或許很快就可以到達目標，但即使得到你朝思暮想的東西，卻賠上了一生的快樂。

因此，要想獲得幸福，我們必須弄清內心真正想要的幸福是什麼，找對讓自己獲得幸福的路標，然後沿著這個方向和路線前進。

雖然夢想很難衡量，但各行各業中，還是有很多人物典範，可以讓我們學習，而不是訂定一個目標，不知變通地前進。

站對位置，你也能閃閃發光

前陣子到上海時，曾在巷弄中遇到一位拉黃包車的師傅，他看起來已經五十多歲了，卻拉得很勤快，又熟門熟路的，讓我們很順利就到達目的地。

看到他對生活充滿了熱誠，下車時，我不禁問他：「是什麼讓你渾身充滿對工作的熱誠與動力？」

師傅笑著從車上跳下，並誇張地走了幾步給我們看，我們才發現，原來他天生左腳長，右腳較短，所以走路會有些跛腳。

師傅坦然地說：「雖然我是跛腳，但拉黃包車的工作卻恰恰可以掩飾我的不足，這也算是讓『英雄有用武之地』。每天遇到來來往往的旅客，大多會和我分享他們在旅途上的趣聞，雖然我沒錢去旅行，卻也聽了不少故事，獲得不少資訊，而且，你別看我這樣，我的老婆很漂亮，兒子也很上進，既然這樣，哪裡還有什麼好抱怨的呢？每天踏踏實實地工作，一天至少可賺上百元，就感到很滿足了！」

師傅擦了擦汗，又和我們分享：他的人生有「三願」：吃得下飯，睡得著覺，笑得出來。

聽到這裡，我們也被他樂觀的氣息感染地笑了出來。

在一般人眼中看來，跛腳的車夫還要踩三輪車維持生活是非常不幸的；但在車夫看來，自己能靠勞動賺錢養家，擁有美滿的家庭，這就是自己的幸福。車夫的幸福路線很簡單，路標也很明確，因此他也能在自己的幸福之中自得其樂。

所以，以快樂的人生為目的，了解自己的優缺，找到前往幸福的路線，就算離原來理想的完美還差了一點點，但隨手可得的快樂，卻比遙不可及的成果，更貼近我們的心。

幸福便利貼

The Pursuit of Happiness

關於幸福，每個人都有自己追尋的過程與經驗。但請記住，幸福不是那種可遇不可求、珍貴又稀少的狀態。

幸福是樸素的、簡單的，也可以是頻繁的。當你的目標越簡單、明確時，你的成就感也會時時降臨。

人生有太多的挫折時刻，許多人早已練就對挫折的寬容，卻忘了體會在難過週期後的快樂，一味地沉浸在上一次的失敗之中，只讓我們離快樂越來越遙遠。

親愛的，別忘了，其實過程往往比結果更重要，而且唯有你在追求的過程中覺得有意義，這樣的成功才是有意義的，否則你得到後，依然會若有所失。

所以，盡情去學習追逐過程中每個環節的經驗，感恩每個人曾給你的幫助，當你走向理想的寶座，快樂與幸福也會在你的心中閃閃發光。

幸福＝能力÷目標

很多人喜歡在與別人的比較過程中，增加或減少自己的成就感。當自己優於別人，就感到幸福；自己不如別人，就感到不幸，所謂「比上不足，比下有餘」就是這種人比人、氣死人的心態作祟。

事實上，世界上沒有兩片完全相同的樹葉，每個人都有自己的優勢，也有自己的不足，如果常常與他人的生活比較，結果只是自尋煩惱。

創造自己的幸福模式

曾有英國的心理學家，在經過研究一百名三十到三十五歲的男人與女人後，找到了一條幸福的專屬公式：幸福＝能力÷目標，這個公式說明了三種情況。

第一種情況，當我們的能力一定時，幸福和目標就是成反比的。

也就是說，當你要求越多，定的目標越高，你就容易越感到不幸福。相反地，目標如果能定在能力所及的範圍內，那麼幸福感就會多一些。

知足常樂，不知足者常悲。

例如，你只是一般的薪水階層，薪水只能維持日常生活的開銷，此時如果你再考慮買一棟精華地段的豪宅，巨額的房貸可能為你帶來無窮的苦惱，不幸感也由之而來。

如果量力而行，對房子的期望值低一點，或許房子不如你所預想的豪宅，但你可以依據自己日後的經濟能力，來裝潢、設計想要的生活機能，或許更適合你，其實住兩百坪大房子的人，不見得會比家中只有二、三十坪的人們幸福、溫暖。

第二種情況，當我們的目標一定時，幸福與能力就是成正比的。

在我們的生活中，人們常常羨慕能夠出國留學的人，羨慕自己創業的人，羨慕懂得投資的人，對比之下，感覺自己的生命怎麼這麼平凡無奇呢？

天生我才必有用，與其羨慕別人的成就，不如想想自己有興趣又擅長的是什麼，只要不因他人的優勢而自卑，找對屬於自己的目標，你的優異能力也會帶來相對的成就，又何須羨慕別人的幸福呢？

第三種情況，當幸福一定時，能力必然與目標成正比。

為什麼無論貧賤和高貴都有相同的幸與不幸呢？我們常說知足常樂，不知足者常悲。這個知足，我們可以當作對一個目標的期望值。

當能力不足時，期望值越高，失望就可能越大。所以，幸福與否其實都是自己的一種心態。

一個破衣爛衫、只求三餐溫飽的乞丐，他也許比那些在冷氣房中忙得焦頭爛額的老闆們更幸福，因為他的目標僅僅是溫飽。

所以，人們對幸福的看法往往摻雜了太多金錢、地位的比較，反而忽視了幸福的真正意義。

幸福力影響幸運力

有一對朋友，平時都喜歡買彩券，但兩人對於中獎的心態卻完全不同。

A在買了幾年的彩券生涯中，有一次連中了兩次一千元，他高興得歡天喜地，並把抽中的獎金拿出來請朋友吃飯。

B見狀，就諷刺他說：「你花了那麼多錢，只中了一點點，有什麼好高興的？如果是我，早就氣得高血壓了！」

A卻滿臉春風地說：「我原來的目標就不是頭獎，能偶爾得到這麼一點小小的獎

當能力不足時，期望值越高，失望就可能越大。

金，我就覺得很快樂了，至少讓我看到了勝利的希望。」

B卻不一樣，同樣買了幾年的彩券，中間偶爾也會中個三、五千塊，但每次開獎後他都一臉憤恨。因為他的目標是中頭獎，希望一夜之間能成為億萬富翁，才會一直處於失望之中。

有人為自己定了非常宏偉的目標，一生都在拼命追逐，倍感疲憊，目標卻遙遙無期無法觸摸，既然如此，不如適才適所地調整目標。

在能力一定的情況下，目標越低，幸福感也會越強。就像買彩券一樣，懂得滿足於中小獎的人，就明白幸福的分量，像四季的週期，具有一定的規律，沒辦法貪多，若過分要求，反而就是自尋煩惱了。

幸福便利貼

The Pursuit of Happiness

所謂幸福，就是在已知自己能力的前提下，設立恰當的目標，並在目標實現時，懂得肯定自己。

過於宏偉遠大的目標，會令自己一生都處於奔波之中，幸福感也難以得到滿足。不如在我們面前不遠處的道路上，種下一棵果樹，讓自己一路都能吃到美味的水果，每一步都有所收穫。如果目標太高，短時間不能完成，就會從滿懷希望走向失望。

人的欲望都是無止境的。如果欲望過多、過強，目標太過高遠，能力又有限，心理就無法滿足。我們應該明白，幸福源自需要的滿足和目標的實現，只有恰當的目標，才能令自己保持持久的幸福感。

相反，一個不了解自己的人，是難以獲得幸福的，因為他不能估測自己的能力，不知道自己到底想要什麼，不知道如何去實現自己的目標。要麼目標過高，難以實現，讓自己陷入煩惱之中；要麼沒有目標，渾渾噩噩，隨波逐流。

所以，如果一味追求完美的目標，不如先好好地了解自己、觀察客觀的環境，再決定前進的方式，或許你無法到達完美的境界，卻可以獲得幸福的成就。

不完美，讓我們更趨近完美

世界上並沒有什麼完美的東西，人生也時刻都有不足之處，有時適當留下一些遺憾，反而可以令幸福更臻於完美。

曾看到網路上一篇文章寫道：「沒有皺紋的祖母是可怕的，沒有遺憾的過去無法連結人生。」力求完美的生活固然是一種美好的境界，而接納不完美的生活是一種更崇高的境界。

調整心態，拒絕製造情緒垃圾

從幼時到年老，我們的生活會經歷各種階段，也難免會有遺憾和不盡人意的地方。

學生時代，常常有人感歎自己學習成績好、志向高遠，卻未能考上滿意的學校；創業時期，往往有人感歎自己有很好的興趣專長，卻不能在工作上發揮；戀愛時，總是難以遇上自己心目中的「白馬王子」或「白雪公主」；而圍城之中的男女，不僅要承擔各種家庭責任，還要承受對方的壞脾氣或不良習氣，甚至是配偶的不忠或背叛。

總之，學業工作、事業愛情、婚姻家庭、健康財富等等的缺憾，構成了我們不完美的人生。然而，抱怨、沉淪、沮喪都無濟於事，唯有從心底從容地接納這一切的不完美，並努力使其趨近於心目中的幸福才是出路。

不妨將這一切看成是生活的一個階段，而非全部，是過程、是歷史，而不是結果、不是未來。

完美主義的不完美障礙

世上有太多的完美主義者，他們認為唯有完美，才會獲得幸福感和成就感。但結果往往並不如意，因為任何事都不可能做到完美，完美主義者根本一開始就在做一個不可能實現的夢而已。

如果將幸福寄託在完美之上，也難以獲得幸福。

要得到一件完美無瑕的東西，其實未必是好事。因為它既然是完美的，就不可能再有進步的空間了。

無論如何呵護，它的光澤都會隨著時間的流逝而黯淡，顏色隨著歲月的遷移而消

沒有遺憾的過去，無法連結完整的人生。

磨……，於是，得到完美的喜悅，只會以失去完美的傷感結局，曾經的幸福感也會漸漸消失。

人也是如此，如果與你共同生活的是一位自認為很完美的伴侶，那麼婚後十之八九難以幸福。

因為對方如果時時處處要求完美，不能接納你的缺陷，這樣的生活如何能獲得平凡的幸福呢？相反地，如果對方只是一個平凡人，反而更容易幸福一生。

事實上，真正完美的人生，僅存在於理想之中而已，客觀世界中，我們只能做到接近完美或相對完美的人生。

因此，我們應該學會接納生活中的不完美，對現在的生活少一些抱怨，多一份寬容。你會發現，生活其實也沒有想像得那麼糟糕，自己也沒有想像中那麼不幸福。

當你想通了這一點，就會覺得平常喜歡自怨自艾的自己，其實不過是在加深自己的痛苦，把自己囚禁於情緒垃圾的牢籠中而已，也唯有你，才能拯救自己。

珍惜心中的幸福國度

最近有許多書籍暢談北歐的生活，讓我們對北歐諸國良好的社福制度很嚮往，其中，作家特別列舉了丹麥，認為它堪稱是世界上最幸福的國度之首。

在丹麥，你感覺不到貧富懸殊，因為政府會支持各項福利專案，透過調整稅收和福利制度，降低國民的貧富差距。

如果你是學生，從小到大接受的教育全部免費，在校期間，每個月還可以從政府得到一筆津貼，確保能輕鬆完成學業。

如果你是商人，只要按時納稅，所有的合法權益都會得到保障。更關鍵的是，稅收的一部分還會以福利的形式最終返還人民的口袋。

這裡的老人可以得到養老撫恤；孕婦有孕期福利；孩子有兒童津貼；失業者有失業救濟。全體公民，不分階層和經濟狀況，都可享受所有的福利政策和免費醫療。

看完上面的敘述，你是否覺得生在丹麥的人，已經擁有了完美的生活呢？

你錯了！丹麥處於高緯地帶，每天的日照時間很短，因此很多丹麥人都會抱怨壞天

不妨將這一切看成是生活的一個階段，而非結果、未來。

氣，甚至不少人因此患上了憂鬱症。

丹麥人或許對生活的滿意度很高，但他們的生活中卻缺少足夠的陽光，這不完美的地方，正是上帝的巧思。

我們在物質和心理需求方面，也許和已開發國家仍有一段差距，難以擁有他們的那種高品質生活，但是，我們卻可以盡情地享受陽光的普照。

幸福是一種感覺，它不取決於我們的生活狀態，而取決於我們的心態。

人應該學會對現在的生活滿足，當然這不等於驕傲自滿，也不是阿Q精神，而是增強自己對環境的適應。

因為你不可能是世界上最幸福的人，但你也不會是世界上最不幸的人，學會接納現有的生活，幸福就能常伴左右。

幸福是一種感覺，它不取決於我們的生活狀態，而取決於我們的心態。

幸福便利貼

The Pursuit of Happiness

人們常常想要追求百分之百完美人生，希望工作上獲得成就，又希望能陪伴孩子成長；希望永遠陪在深愛的人身旁，卻又希望完全保有個人的自由空間。

凡事小心謹慎，不能有一絲一毫的疏漏……，這樣的結果，不僅不能換來完美的生活，反而還可能讓自己身心疲憊。

生活的道路本來就是崎嶇不平的，又有誰能說自己沒有走過彎路，人生絕對沒有瑕疵呢？

所以，不要對現有生活的不完美感到抱怨和不滿，不妨坦然接受，多看到生活中好的一面。

生活隨意一些，少些壓力，保持健康，反而更容易令人身心放鬆，感受到更多的快樂。

這樣的幸福，誰又能說是不夠完美呢？

微小的快樂，是生命的鑽石

很多人都認為，快樂是上天賜予的，自己之所以不快樂，是因為沒有受到上天的眷顧，所以到處求神拜佛，求幸運符。

其實並非如此，快樂就像流動的空氣一樣唾手可得，哪怕是身邊發生的一些微不足道的小事，同樣可以為我們帶來內心的愉悅。

平凡的快樂，是生命的珍珠

英國的心理學家曾做過一個心理測驗，工作人員請受試者觀察自己的心情六週，並讓他們每個人身上都帶著感應器，記錄他們快樂的頻率與原因。

結果表明：絕大部分的快樂感受都來自那些生活中的點滴經驗，而非多大的驚喜。其中註明了一些很簡單的小事，例如：晴朗的天氣與家人去外面一起散步，晚飯後帶小狗到戶外逛逛，週末與朋友一起逛逛街，或者在家練習廚藝……這些簡單的小事，就足以帶給人很多快樂。

我們常常只記得生命中的大事，但這些大事通常都是以極端正面或負面的情況出現，所以當我們回顧一生，會誤認為快樂是建築在那些重大事件上，結果忽略了每天發生在我們生活中的小事。

事實上，恰恰是這些微不足道的小事，構成了我們一生的快樂和幸福。

所以，不要把你一生快樂的焦點都放在那些驚心動魄、卻又不常發生的大事上，比如渴盼中樂透、晉升總經理，或找到一個金龜婿。

生活中每天都有許多令人快樂的小事發生，這些小小的快樂同樣也是幸福的來源。只要能用心去發現，你會發現自己其實擁有很多，例如：美味的食物、醇厚的友誼、有意義的工作、溫馨的家庭……。

只要細數每天的點滴，感受幸福就是這麼簡單。

小快樂，才能招致大幸福

快樂不是昂貴的寶石，非要重金才能買得到；快樂其實是人生路上的小石子，只要彎下腰去撿，就能得到。

絕大部分的快樂感受都來自那些生活中的點滴，而非多大的驚喜。

現在的生活或許有令你感到不滿的地方，但請你忘記這些不愉快，用心發掘身邊快樂的東西。

也許僅僅是一件小事，就可以讓你發自內心地笑出聲來。

這些快樂雖小，但也很真實。而幸福的人生，就是由這些微不足道的小快樂所串成的項鍊。

幸福便利貼

The Pursuit of Happiness

對大多數人來說，生命裡大多是安靜和平淡的時刻，一件件小事構成了我們的人生。然而，也許就是這些小事，帶給了我們很多小小的快樂。只因為太小，我們常常忽略掉它，感受不到它們帶給我們的幸福。

其實，我們每個人都該為自己列一張關於快樂的清單。也許，它只是你窗外綠樹紅花的美景，是你每天都能呼吸到的新鮮空氣。你不曾忍饑挨餓，擁有棲身的房屋，有可以安身立命的工作，與家人朋友相親相愛，甚至可以隨心所欲地逛逛商場，偶爾還有閒錢買些自己喜歡的東西，或者想吃東西時，恰好有個海胃……，所有的這一切，構築著我們的生活，成就著生命裡的小快樂，也因為它們的存在，我們的生命充滿了馥鬱的芳香。

權衡能力與欲望的天秤

我們常常覺得自己過得不夠幸福，感覺總是有許多不如意和遺憾，彷彿幸福與自己總有那麼一段無法跨越的距離，總覺得上天對自己不夠公平。

然而，生命卻不會為你創造幸福的時刻，除非你懂得珍惜，所以，往往在轉眼間，我們的生命就在蹉跎與抱怨當中虛度了。

其實，幸福是一種感覺，看不見摸不著，但卻可以被感知、被發現。很多人都說自己最快樂、最幸福的時光是在小時候，那是因為小時候我們接觸的事物不多，想要的東西很少，欲望很小。

有時，欲望可能僅僅是一根冰棒，或父母一句肯定就容易滿足。

然而，隨著年齡的增長，我們的能力和欲望都在同步增加，而大多數人的欲望膨脹速度，卻遠遠地大於自己本身能力的增長速度，因此就會逐漸陷入無限的痛苦當中。

當然，人生而有欲。窮人想成為富人；藍領階層想變成白領階層；單身者想早日覓得命中注定的另一半……，這些都是正常的追求，也是無可厚非的。

生命不會為你創造幸福時刻，除非你懂得珍惜。

但是，人的欲望必須要建立在與自己能力相當的基礎上，欲望與能力之間，也最好能保持平衡。

因為，每個人都希望獲得越多越好。但欲望越多，活得就越累，幸福感就越少。欲望就像一根鎖鏈，一個牽著一個，永遠都難以滿足。

一旦能力與欲望的天秤嚴重失調時，除非抑制欲望的膨脹，不然就要提高自己的能力，否則就會抑鬱終日。

生命之舟載不動太多的欲望，不要欺騙你自己，以為可以擁有全世界，即使你擁有改變世界的能力。

欲望海嘯會淹沒幸福基礎

從心理學上而言，想要掌控一切、追求不可變通的完美不是一個健康的觀念。不管追求什麼，都應有度，適可而止。

人們感覺不滿足、不幸福而沮喪，有時就是太多的欲望在作祟，因為人們對生活只有吞咽，而沒有咀嚼，只是匆忙而過，而不回眸，索求太多。

現實生活中，有些人的生活已經比大多數人都要平順了，但由於他們被欲望所牽制，瘋狂地聚斂錢財，甚至鋌而走險，結果淪為欲望和金錢的奴隸，更有甚者，連性命都賠進去了！何苦呢？

既然人生而有欲，那麼我們就應該學會平衡自己能力與欲望之間的天秤，將欲望調節成與自己的能力和收入相符，不要過度。

君子愛財，取之有道，得到的欣然接受，失去的泰然放手。名利錢財如此，一切都如此。只有學會在收穫與付出、喜悅與惆悵、欲望和現實之間收放自如，嫻熟遊走，才容易感到滿足和幸福。

你想要的，不一定是你需要的

我常常和工作上得不到重用，因此備受壓力，或甚至出現失眠情況的客戶，分享這個小故事：

平日工作十分忙碌的小林，有一天為了紓解壓力，開車到寧靜的山谷間走走。小林沿著溪邊散步時，看到有些人在釣魚，便好奇的走過去，看看他們釣到甚麼魚？而且大

很多人都說自己最幸福的時光是小時候，那是因為當時我們想要的東西很少。

家的收穫都不錯，魚簍中裝滿了好多大魚。

不過，其中一位老先生的魚簍中卻盡是小魚，更奇怪的是，老先生只要釣到大魚，就把它放回溪中，只留小魚在魚簍中。

小林在一旁觀察很久，對老先生的行為百思不得其解，於是鼓起勇氣開口：「先生，請問一下，你為什麼要放掉大魚，只留下小魚呢？」

老先生笑著回答：「我一個人住，家裡也只有一個小鍋可以煮東西，鍋子小，大魚放不下，況且小魚滋味鮮美，比較合我的味口。」

聽到老先生這麼說，小林才恍然大悟。

雖然大家都想要大魚，卻不曾想過「大魚」是否適用於自己。

就像每次去逛夜市時，我們可能什麼都想吃，懂得節制的人，會從自己最愛的小吃中擇一，或做搭配；不懂節制的人，可能什麼都買，什麼都吃，最後卻吃壞了肚子。

這是最淺顯易懂的例子，卻足以說明欲望與能力一再地左右我們的每個決定與最終的感受。

有人說，心有多大，天地就有多大。但很大很大的天地，有時候並不是你所能掌控的，也並不一定能給你帶來幸福。

我們要做的，應該是學會評估自己的能力，調整自己的欲望，讓能力與欲望的天平時刻保持平衡，才能讓快樂源源不絕地延續下去。

幸福便利貼

The Pursuit of Happiness

人為什麼會痛苦？就在於過分追求錯誤的東西。

太大的欲望對生命來說是一種負擔，會讓我們看不到勝利的希望。如果本身能力又很小，就更容易陷入不幸的泥沼。

不妨學會平衡欲望與能力的天平，適當降低欲望。

當我們的需要得到滿足時，就會從心底生出一股幸福感，哪怕是一個小小的滿足，也能讓我們品嘗到幸福的芬芳。

人生於世，本來就不見得完全平等，但這並不影響每個人幸福的權利。

一個身無分文的乞丐，在得到別人的幫助時，好不容易吃飽的感受，他的幸福並不比一個億萬富翁名下股票大漲時所感覺到的幸福少。所以，幸福不分等級，也沒有高低之別。只要你心中有暖流經過，你就擁有最富有的幸福。

幸福不用找別人為你墊底

現實生活中，我們可能常常發現自己的周遭總是有許多比我們優秀的人，而我們也不自覺地把他當成幸福的象徵、指引，似乎他們就能為我們的人生幸福下定義。

因此我們時常聽到有人在感歎：「你看總經理又換了一個LV的領夾，也把原先的賓士換成保時捷的跑車。」

心想：要是我能像他那樣該多好，那我一定會覺得很高興！

試試看，如果你與朋友聊聊關於幸福與否的話題，有超過半數的人會認為自己是不幸福的。因為，在我們的眼中，別人都比自己過得幸福。

有些人始終無法找到自己幸福的座標，因為他們都喜歡與別人比較，也容易向那些比自己處境優越的人看齊，他們的習慣思路是：「他有什麼，我也應該有」、「他因為擁有這些東西，所以比我幸福」，卻從來不去思考「他真的幸福嗎？」這個問題。

要知道，幸福不是比較級，我們也不是別人的影子。即使有一天我們變得高貴富有，也還是我們自己。

人最大的悲哀，就是在別人的「快樂標準」中浪費先天的才華，找別人為自己的幸福墊底。

他人的完美，並非你的目標

幸福真的這麼難以尋找嗎？

為什麼很多人都把自己的幸福建築在別人身上呢？

有時候，是不是因為我們把生活過於物質化，而人為地誇大了幸福的標準，將幸福當作一件可以炫耀的外衣呢？

或者說，我們將幸福與太多個人物質欲望的滿足聯繫在一起，以至當我們得不到滿足就會心生怨氣？也許，正是因為我們現有的思維方式和處世方式，影響了我們對幸福的感受。

即使有些人有錢有勢，但也不一定幸福，更重要的是人家的完美，未必就是你的完美。放棄自己的標準，去拿別人的幸福作為燈塔，就會偏離自己人生的軌道。

我們可以追逐財富，但幸福生活的標準並不是由那些富人決定的。錢和權勢本身沒

我們常常覺得不幸福，是因為我們追求的不是「幸福」，而是「比別人幸福」。

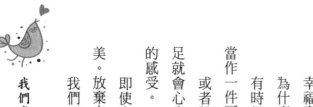

有錯，錯的是我們的態度。也許我們終生都不能大富大貴，但這並不意味著我們在自己的普通生活中就找不到幸福。

因為幸福是沒有標準答案的。

每個人對生活都有自己獨特的感受，問題在於許多人往往不知道珍惜自己擁有的一切，而把別人手中的東西一概視為珍寶。

在他們看來，得不到的就是好的，因此心也常常隨著貪婪的目光而移動，暈頭轉向地跟著人家跑，而丟掉自己本來擁有的珍貴。

了解完美背後的真相

歐洲有一位著名的女高音，僅僅三十歲就已經紅得發紫，譽滿全球，而且生活富有，家庭美滿。

一次，她在鄰國開獨唱音樂會，受到了當地人的熱烈歡迎。演出結束後，演唱家和丈夫、兒子一起從劇場走出來，被觀眾團團圍住，人們七嘴八舌地與她攀談，其中不乏讚美與羨慕之詞。

在人們議論之時，她只是安靜地聽著。

等到大家停下來後，她才緩緩地說：「我首先感謝大家對我和我的家人的讚美，我希望在這些方面能與你們分享快樂。但你們看到的只是一個方面，還有另外的一面沒有看到。那就是你們誇獎的這個活潑可愛、臉上總是掛滿微笑的小男孩，他是一個不能說話的啞巴。而且，他還有一個姐姐，是個需要常年關在有鐵窗房間的精神患者。」

人們被她的發表嚇到了，似乎很難接受這個事實。

演唱家又繼續說：「這一切說明什麼？這只說明一個道理：那就是上帝是公平的，他不會給誰太多，也不會給誰太少。」

每個人都不可能擁有完美的幸福，可能在某方面優秀，在某方面就比較不擅長，這是無可辯駁的事實。

演唱家的生活在外人看來是幸福完美的，但事實也並非如此，可見，更多的時候我們眼中別人的幸福也僅是一方面而已。

如果只用別人幸福的一面來與自己不幸的一面比較，只會徒增煩惱。

滿足你所擁有的，不要拿別人為自己的幸福墊底。也許你所擁有的，恰恰是別人所缺少的。與其為別人擁有而不平，不如為自己的擁有而開懷。

與他人相比較的幸福，是在別人的痛處上尋求自己的「幸福」，也是在別人的幸福之中傷害自己。對自己的現狀不滿足，時刻看到的只是別人的幸福和自己的不幸，無疑是自尋煩惱。

因為幸福不是用來比較的，每個人的幸福都是最高級的，都是獨一無二的寶藏。

幸福便利貼

The Pursuit of Happiness

盲目羨慕別人的幸福，自己就會更感受不到幸福。與其如此，不如安心享受自己的生活。很多時候，讓自己看清自己的幸福，往往比看清別人的幸福更重要。

幸福不是比較級，不是誰比我有錢、有權、有勢，誰就比我幸福。幸福簡單得其實就像一支酷夏時冰涼的冰淇淋一樣，容易得到滿足的願望，越單純越快樂。

與別人比較得來的一時幸福，也許就像想像中開出的美麗花朵，永遠也結不出美好的果實。

真正的幸福，就是不放縱快樂

快樂是什麼？

快樂有短暫之樂及長時間的恆久之樂。

短暫的快樂具有對比性，對比越強烈，快樂感也越強烈；恆久之樂則產生於內心的平靜與和諧，是一種自由、舒暢的心境，也是一種長久的幸福感。

在很多情況下，幸福可以等同於快樂，因為你覺察到幸福，那麼也必然會感受到快樂。可是，快樂卻並不等於幸福，尤其是一些毫無節制的短暫快樂，更難以讓人獲得真正的幸福。

有一個成語叫做「飲鴆止渴」，意思是燥熱口渴的時候，居然喝火上加油的鴆酒來解渴，結果自然會丟了性命。這也可以用來比喻為了解救目前的困境，不顧將來之禍患，或只看眼前的利益，不顧日後的嚴重後果。

許多人在選擇長久的幸福和片刻的快樂天秤時，會把砝碼都集中在短暫的快樂這端，心存這種幸福觀的人，通常會為了眼前毫無節制的快樂，不顧真正的幸福，做一些

快樂並不等於幸福，尤其是一些毫無節制的快樂。

損人不利己的事。

極致的快樂，要付出昂貴的代價

比如，為了享受歡愉，每天吃喝嫖賭、貪污腐敗，只求及時行樂，不在乎長久的平安與幸福。結果一旦欲望過大，就可能做出違法之事，被人舉報後關入大牢，開始了漫長的鐵窗生涯，何來幸福呢？與面對金錢的短暫虛妄快樂相比，在高牆之內喪失自由的後半生，才更真實和漫長。

所以，凡事都應該知所節制，才能擁有長久的幸福感。

如果每天都吃山珍海味，很多人一定覺得是快樂的事，但久了誰都會吃膩，反而覺得吃粗茶淡飯更可口；生活在繁華的城市當中，也會覺得方便快捷，但久了反而感到嘈雜擁擠，更渴望恬靜溫馨的鄉村生活。

可見，凡事得到的太多，反而不會覺得珍惜、覺得可貴了。

所以，好東西也要懂得品味，懂得節制，這樣才能在平凡當中得到幸福，在不平凡當中錦上添花。

節制的人生哲學

有一匹老馬失去了老伴，只有一個兒子陪伴他。

老馬十分疼愛兒子，把小馬帶到一片茂盛的草地上，那裡有小河、花卉，還有誘人的綠蔭，是一片最適合馬兒成長的肥沃之地。

但小馬根本不把這種幸福放在眼裡，每天在鮮花遍地的原野上閒逛浪費時光，甚至逐漸對這片美麗的草地產生了反感。

於是，有一天，小馬跑去跟父親說：「我不喜歡這裡，這些的三葉草沒有香味，這裡的水中有泥沙，這裡的空氣刺激我的肺。除非我們離開這裡，否則我就要死了。」

老馬一聽，立刻就帶著兒子出發去尋找新家。

小馬高興地嘶叫著，跟著父親。但老馬卻不快樂，只是安靜地在前面領路。

他讓兒子爬上陡峭而荒蕪的高山，山上別說牧草，就連可以充饑的東西都沒有，無奈父子倆只好空著肚子躺下睡覺。

第二天，他們繼續走，餓得筋疲力盡時，才找到一些不高的灌木。能有吃的，小馬

凡事都應該知所節制，才能擁有長久的幸福感。

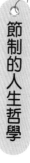

已經很滿意了，根本不在乎是不是好吃。又過了兩天，小馬餓得幾乎邁了前腿，就拖不動後腿了。

老馬心想：現在給他的教訓已經足夠了。於是，他趁著夜色漸深，又繞路把兒子帶回到原來的草地上。

小馬一發現嫩草，急忙跑過去吃，並不斷嘟囔著：「多麼美妙的味道呀！多麼好的綠草啊！父親，我們不用再找了，也別回老家去了，就留在這個可愛的地方吧，哪個地方能跟這裡相比呀！」

天亮後，小馬認出了這個地方：原來這就是幾天前他吵著要離開的那片草地……。老馬溫和地對兒子說：「我親愛的孩子，要記住這句格言：『享受太多，就會厭惡快樂。如果要得到幸福，就必須適度節制。』」

所以，一個人如果想要得到幸福，就必須懂得適度地節制快樂，懂得珍惜生活所賜予的一切。否則，就會像故事中的小馬一樣，對眼前擁有的快樂不懂珍惜，也不能感到快樂和幸福，結果等到失去時，才追悔莫及。

許多人會把砝碼都集中在短暫的快樂這端，卻因此失去長遠的幸福。

✦幸福便利貼✦

The Pursuit of Happiness

證嚴法師曾說：「人需要的很少，想要的很多。」

人的心往往容易被欲望所捆綁，結果只能是作繭自縛。

比如，當吃到山珍海味時，從味蕾到口腔，到胃部的飽脹感，都會給你一種快樂。但是，胃腸的容量是有限的，你不可能無限制地攝入食物。如果不懂節制這種享受，就會傷害身體，給自己帶來煩惱。

所以，對於眼前哪怕是鋪天蓋地的享樂，我們也要保持清醒的頭腦，懂得適度的節制。

有節制的快樂，是幸福的第一要義。

肆無忌憚地放縱與狂歡之後，往往是曲終人散的寂寞與空虛。

相反，懂得節制享受與快樂，往往會觸摸到生命中最真實和生動的幸福。

「幸福沒有明天，也沒有昨天，它不懷念過去，也不嚮往未來；
它只有現在。」

俄國現實主義小說家 **屠格涅夫**（*Ivan Turgenev*）

Chapter 2

惜福，讓幸福恆久遠

你總是一再錯過幸福嗎？

幸福顯微鏡

在逛街時，剛好看到一條你喜歡的褲子，試穿之後發現拉鏈拉不起來，你會怎麼辦？

Ⓐ．恨自己變胖了。
Ⓑ．換別款的褲子。
Ⓒ．賭氣買下來。
Ⓓ．等自己變瘦了，再回來買。

結果分析

A：

你喜歡抱怨生活中的各種不順遂，也可能是個極端的完美主義者。有時候即使已經很令人滿意了，你還是不滿足，甚至不合理地一再調高標準，在別人眼中，你是一個很挑剔的人，會給人難相處，或是控制狂的感覺。

其實追求完美並沒有不對，重要的是，你面對不完美時的解決方式太過歇斯底里，因為完美的標準並非絕對的，你應該調整自己對待周遭人事物的態度，試著用寬容的心態去接納現實生活中的不完美，學會與人和諧相處，那麼你會發覺原來冷漠的世界，其實充滿了許多溫暖的光亮，幸福就會停留在你身邊。

B：

因為你一直都活在自己認為理所當然這樣或那樣的世界裡，是個經驗論者，即使別人講道理，你也聽不進去，所以你並不太懂得珍惜眼前的幸福。而且你總以為別人的比較好，所以忘了自己與旁人的努力，或許幸福不會馬上離你而去，但是已開始產生裂痕，只要你用心修補，就能化解這場危機。

C：

你對生活中的一切都太操之過急，想要獲得的東西實在太多，但真正擁有之後，卻又疏於照料，最後只會與身邊的寶石擦身而過。你只要學著放慢生活的腳步，好好地傾聽自己內心的真實需求，而不是跟隨外在的標準，一再改變自己，最後可能變得越來越不快樂，當你可以找回自我的同時，也才能看見早已存在的幸福，其實離你並不遙遠。

D：

你是個懂得規劃未來與珍惜當下的人，也懂得如何逐步地達成自己的目標，當自己心意已決時，甚至不太在意別人的眼光，是一個懂得為自己製造生活情趣的人，也願意為了目標付出代價，你不會被世俗的標準所綑綁，所以相較之下，是個比較容易捉住幸福的人。

別再讓眼前的美景一閃即逝

環顧四周，你會發現我們身邊有很多擁有這樣想法的人：總想著現在要努力賺錢，以後才能好好享受。

為了享清福，他們日復一日地工作，忍受千辛萬苦，任勞任怨，不敢有絲毫放鬆。他們終年忙碌奔波，犧牲眼前的幸福，想像著將來有一天能從容地享受幸福。也許有人要說，這樣也不錯呀，等到苦頭都吃完了，就苦盡甘來了。

這樣典型的人總是告訴自己：「等我有房子了，我的心就覺得踏實了。」、「等我存到一千萬了，我就可以享受生活了。」好像經歷越艱難，成功後的幸福感才會就越強，這就是「幸福的假象」。

其實，長期的勞碌奔波只會讓人受內傷，感知幸福的能力也變得日益麻木，很多人甚至根本等不到享受幸福的那一刻，就失去了健康的身心。

這些人一直都在預約幸福、想像幸福，最後卻難以真正地享受幸福。或許最後可以買到房子，但幸福卻不一定在房子裡等你；或許可以賺到很多錢，但幸福卻不一定能透過金錢獲得。

福分人人皆有，卻非人人能懂

人生在世，由於際遇的不同，有的人生活清苦，卻能感到幸福，有的人過著富裕的生活，仍感到苦惱。

更多的時候，人們之所以感覺不到幸福，是因為當幸福來臨之時，常常渾然不覺，無論別人投來多少羨慕的目光，還是不知道珍惜自己當前所擁有的，反而讓幸福白白從指間溜走。到最後，自己剩下的，可能只有揮之不去的悔恨、痛苦。

就像書寫《圍城》的中國文學家錢鍾書所說的：「人生的刺，就在這裡，留戀著而不肯快走的，偏是你所不留戀的東西。」

其實，我們常常滿腹抱怨：冬天太冷了，盼望春天早點到來，可是春天連綿的陰雨一樣讓人難以忍受；孩子年紀小，要操心的事情太多，總盼著他快快長大，可是孩子長大了又擔心他的工作、婚姻。

所以，沒有什麼終得圓滿的，除非你的心中感到圓滿。

有些人一直都在預約幸福、想像幸福，最後卻難以真正地享受幸福。

如果你覺得現在不幸福，總覺得改變了才是幸福，那麼恐怕一輩子都難有真正的幸福感！因為想像中的未來，也許並不會比眼前的幸福更美麗。

幸福並不是爬到山頂的那一刻，而是攀登的過程。所以，我們不需要為幸福開設一種渺茫的支票，更不要在上面簽上自己的名字。

惜緣，才能結更多善緣

學會珍惜眼前的幸福，做一個惜福的人，比渴盼未來的幸福更有意義。

印度有一位知名的哲學家，英俊帥氣，氣質高雅，因此成為很多女孩的偶像。一天，一個清麗的女孩向他表達了愛慕之情，並說：「錯過我，你將再也找不到比我更愛你的女人了！」

哲學家雖然也很心儀這個女孩，但還是慣性地回答說：「讓我再考慮一下吧！」

女孩聽後，就黯然神傷地離開了。

女孩走後，哲學家分別將結婚和不結婚的好處與壞處列出來，結果發現好壞均等，為此他陷入了長久的苦惱之中。思考了數年後，他終於決定接受這個女孩的感情。

於是，哲學家挑了個良辰吉日到女孩家中提親，沒想到，女孩的父親告訴他，他的女兒已經成為一個孩子的母親了。

哲學家聽了，整個人幾乎要崩潰，他萬萬沒有想到，他一向精明的頭腦，最後換來的卻是一場悔恨。此後，哲學家抑鬱成疾，長病不起。

臨死前，他終於明白了一個道理：幸福並沒有絕對，不需要等待和分析，眼前的幸福往往更能牽動你的心。

佛家禪宗常說：「要活在當下。」

吃飯的時候就吃飯，睡覺的時候就睡覺，放下過去的煩惱，捨棄未來的憂思，懂得全身心投入眼前的一刻，才是生活的智慧。

我們的生命其實不如想像中那麼堅強，一旦遭遇變化，生活就會偏離原來的軌道，原本的旅程、方向可能完全被改變，所以，把握眼前的幸福，活好今天，過好此刻，才是最真實的，不需要等未來才幸福，只要看見眼前的幸福，就足夠了。

人生是一個不斷追求的過程，有追求的權利本身就是一種幸福，至於不可企及的未來是否幸福，對於充滿變數的人生來說，誰又能給予保證呢？

沒有什麼終得圓滿的，除非你的心中感到圓滿。

既然如此，請讓我們珍惜眼前看似不完美的幸福，盡情地享受眼前的幸福。對於未來的幸福，我們可以爭取，但無需奢求。

幸福便利貼

The Pursuit of Happiness

幸福可以回味，可以真實地擁有，卻不會在你預定的地方、預定的時候等候你的到來。

而且關於幸福，我們不能推理，也無法預測，唯一有效的只有眼前的幸福。

因為幸福是專屬於自己的，與他人無關，與時間、境況的改變也無關。可能家人的健康、融洽會令你感到幸福；可能工作得心應手，取得成績，會讓你感到幸福；可能到外走走，欣賞美麗的風景，你會感到幸福……，只要你願意，身邊的幸福隨可見，俯首即拾。既然眼前的幸福如此美麗，為何不懂珍惜，非要苦苦地等到未來的幸福到來呢？

只關注現在，未嘗不是一種保持快樂的捷徑。所以，我們應在幸福還沒有溜走之前，好好地把握，好好地珍惜！

珍惜身邊的每一個幸福感受

每個人都在追尋著幸福，渴望著幸福，但能真正感受到幸福的人卻並不多。有時，幸福的涵蓋內容太多了，包括物質、精神的方面，難以苛求；有時，幸福的概念又是那麼單純，只要有一杯清茶或片刻的心情愉悅，就已足夠。可見，幸福會因人而異，也因人的遭遇而不同。

不過，在這個世界上，你未必是最幸福的，但你肯定不會是最不幸的。因為幸福就像花兒一樣，每朵花兒都會綻放。

生活本身就是豐富多彩的，除了工作、學習、賺錢之外，還有許多美好的事物值得我們去享受：可口的飯菜、美好的愛情、溫馨的家庭生活、愉快的旅行……甚至工作和學習本身，也可以成為一種享受。

其實，幸福時刻都包圍著我們，就像一顆顆小小的珍珠。只要我們懂得收集，很快就可以串成一條美麗的項鍊。

然而，總有人抱怨自己的生活得不夠完美，不夠幸福，缺少這個，沒有那個，想讓

幸福會因人而異，也因人的遭遇而不同。

自己擁有得更多，生活得更完美。

事實上，一個人的生活無論擁有多少缺憾，他的身邊都充滿著幸福和快樂，而他之所以感受不到，只是因為不懂得發現和珍惜。

當有一天這些幸福都離我們而去時，可能才能體會到它們的珍貴，才想要挽留，可是再也留不住了。

找回幼時的單純幸福

有一位老師問一個七歲的孩子說：「你覺得自己幸福嗎？」

「是的，我很幸福。」孩子高興地回答。

「是什麼使你感覺幸福呢？」老師繼續問。

「是什麼我並不知道。但是，我就是感到很幸福。」孩子微笑地說。

「肯定有什麼事，才讓你感到幸福的吧？」老師繼續追問。

孩子抓了抓頭，想了一下說：「因為我上學可以和朋友一起玩，所以我喜歡上學；因為爸爸媽媽都很愛我，所以我也很愛他們，沒有什麼理由不快樂啊！」在我們看來，孩子口中這些令她感到幸福的事物都是生活中再簡單不過的事，然而她卻能夠感受到滿滿的幸福。

可見，幸福並不需要刻意去追求，也並不一定要轟轟烈烈，生命中的每個時刻一定都有值得珍惜和感動的事。

所以，放下那些對於幸福的設定標準，用心環顧你的四周，抱著平常心，與身邊的人交流感情，不要計較過多的得失，你會發覺有時最平凡的快樂，反而感受最深遠、特別。

在這個世界上，你未必是最幸福的，但你肯定不是最不幸的。

幸福便利貼

The Pursuit of Happiness

停一下你匆匆尋找幸福的腳步，去觀察一下周圍，你會發現很多自己過去不曾放在心上的快樂一直在那裡。

和自己作縱向比較，和他人作橫向比較。如果，你總能發現令自己垂頭喪氣的不足，你也總能找出讓自己欣喜若狂的優點。做一個能夠慧眼識幸福的人吧，唯有知福的人，才能夠接近幸福，唯有惜福的人，才能和幸福永遠相伴。

失去，是為了學會珍惜

隨著命運的變化，我們常常要從一個環境投入到另一個環境，從一種狀態投入到另一種狀態。隨著年齡的不斷成長，我們也不得不告別一些人、離開過去的美好時光去追尋理想。

但許多人總覺得幸福是一件很虛無飄渺的東西，沒有什麼具體的感覺。因此，我們也往往容易和幸福擦肩而過。直到有一天失去一些東西時，才頓時感悟，原來生命曾經如此豐盛。

幸福就在空氣裡面

周星馳在電影《大話西遊》中，曾說過一段經典的台詞：「曾經有一段真摯的愛擺在我的面前，我沒有珍惜。直到失去時，我才後悔莫及。假如上天再給我一次機會，我會對那個女孩說三個字——『我愛你』。如果要給這段愛情加上一段期限，我希望是一萬年……。」

看似簡單的台詞，其中蘊含的意義卻時時撞擊著我們的心。就像生命中的許多時刻，幸福的站牌往往就在我們身邊，但我們卻理所當然地接受，也覺得它一直會在那裡等待著我們。

當我們打開窗戶，呼吸到的一絲清新空氣，那是幸福；出門前，母親的一句：「別太晚回家啊，路上小心！」，那是幸福；肚子餓時，有一碗熱騰騰的湯麵放在你面前，那是幸福。流汗時，女友遞過來一條毛巾，那是幸福……幸福有時候簡單得可以，甚至可能只是一個微笑而已。

這些我們總是視若無睹的東西，其實才是生命中最真實的幸福！我們總是不斷找尋所謂的理想生活，卻意識不到真正的幸福早就存在自己身邊。

所以，請認真收集你身邊的點滴幸福，不要隨便錯過身邊的每一個幸福站牌，才能真正地欣賞生命途中的美好風景。

相反地，如果不懂惜福，忽視身邊的那些寶貴之物，直到失去的時候，只能後悔莫及，幸福並不會為此而停駐。

我們總是不斷找尋所謂的幸福，卻意識不到真正的幸福就在自己身邊。

其實我們擁有的比很多人更多

有個窮人，家裡房子很小，而且四代同堂，一起居住非常擁擠。他很煩惱，就祈求上帝幫他擺脫這種困境。

上帝告訴他：「你把雞和鴨也關進屋子裡，和你們一起住，一周後再來找我。」

一周後，窮人備受雞鴨的折磨，痛苦不堪，再次請求上帝幫助他。

上帝說：「你再把牛和羊也關進屋子裡，和你們一起住，一周後再來找我。」

又過了一周，窮人更加痛苦難耐，度日如年，再次懇請上帝幫助他。

上帝說：「你這次把那些動物都趕走吧，恢復原狀，一周後再來找我。」

一周後，窮人跪在上帝的腳下，深深地感謝上帝的賜予，讓他嘗到了久違的快樂。

其實，上帝不曾給這個人任何東西，只是給了他一份失而復得的感覺而已，讓他從中體會到一種擁有的滿足，一種對現狀的珍惜。

正所謂不識廬山真面目，只緣身在此山中。上帝做的唯一的一件事，就是幫他跳開來看待自己今天的現狀，懂得珍惜現有的幸福。

幸福其實只是一種感受。選擇幸福還是錯過幸福，往往就在於我們的一念之間。

聰明的人未必幸福，但真正有智慧的人一定可以找到幸福；愚鈍的人未必幸福，但豁達的人一定懂得珍惜幸福。

做個惜福之人，珍惜生命中的每一次感動，每一天都是生命中最完美又無可取代的一天。

幸福便利貼

The Pursuit of Happiness

喜歡這山望著那山高的人，永遠感受不到自己其實已在高山之上。

很多時候，當我們為找不到幸福而煩惱時，並非幸福真的遠離了我們，變得遙不可及，而是我們自己迷失了方向，緣木求魚；是我們自身變得麻木了，以至於對幸福熟視無睹，錯過了一個又一個幸福的站牌。

但是，幸福始終都如影隨形地跟隨我們。當有一天我們幡然醒悟，驀然回首，發現幸福可能正在轉角之處對著我們微笑，靜靜地等待著和我們一起回家……。

簡單生活，讓靈魂更自由

每個人都希望自己擁有更多的快樂和幸福，而非痛苦和不幸；每個人都希望自己擁有財富而非貧窮；每個人都希望自己受過良好的教育而非與大學無緣；每個人都希望自己事業有成而非一無所有……但是，當人們擁有了這一切時，可能依舊會東張西望、左盼右顧，希望得到更多、擁有更多。

我們經常感到活得累，其實就是因為我們所求的太多，我們總希望擁有的越多越好，站得越高越好，不斷地索取、佔有，讓心靈無法獲得片刻休息。

貪欲是一種頑疾，人們極易成為它的奴隸。

一個貪求厚利、不懂知足的人，等於是在愚弄自己，希望什麼都得到，甚至踐踏自己所擁有的一切，還對外界引領企盼，到最後可能一無所有。

生活越簡單，感受越豐富

生活之所以如此複雜難解，並不是因為我們擁有的太少，而是我們想要的遠遠地超出了自己的能力，奢求，永遠是一條引導你離開幸福正途的道路。

當你把紛亂的欲求去蕪存菁後會發現，其實每個人要的可能殊途同歸，都是一份證明自我生命的存在感，如此簡單。

正如美國作家麗莎．茵．普蘭特（L.N. Prolanter）所說的：「當你用一種新的視野觀察生活、對待生活時，你會發現許多簡單的東西才是最美的，而許多美的東西也正是那些最簡單的事物。」

相反，倘若我們時時處處都在計較自己的得失榮辱，對外界的一切患得患失，雙眼總是盯著別人所擁有的東西，忘卻自己身邊已有的一切，那麼就會逐漸遠離幸福，被痛苦的高牆包圍。

世間本無事，庸人自擾之

有個服飾業的老闆，在經濟不景氣的波及下生意大受影響，整天心情煩悶，睡不著覺，於是就求助於心理醫生。

醫生開導商人說：「失眠也沒什麼大不了的，你回去後如果睡不著就數綿羊吧。」

許多美的東西也正是那些最簡單的事物。

商人道謝後離開了。

一周後，商人又來找心理醫生，他的雙眼又紅又腫，精神更萎靡不振。

醫生就問：「你有按照我說的做的嗎？」

商人委屈地回答：「當然有呀！我數到三萬多頭呢！」

醫生又問：「數了這麼多，難道就沒有一點睡意？」

商人回答說：「本來是很睏的，但一想到三萬多頭綿羊會有多少噸羊毛呀？不剪豈不可惜？」

醫生於是說：「那剪完總可以睡了吧？」

商人歎了口氣說：「但頭疼的問題又來了，這三萬頭羊毛所製成的毛衣，要去哪裡找買主呢？一想到這些，我就又睡不著了！」

商人就是因為太在乎、太計較自己周圍的一切，才會患得患失，從數綿羊中想到羊毛，又想到羊毛製成的衣服，又擔心衣服的銷售……如此下去，又怎麼能有好心情和幸福感呢？

簡單生活並不代表我們要逃避時代的進步，自許清貧的生活，而是在過於複雜交錯的環境中，找回自己快樂的初衷，也是幸福的源頭。

就像「極簡」是現代設計中不可或缺的一個概念，化繁為簡的設計，讓想像有更大的空間。

當然巴洛克風格華麗的城堡也很漂亮，卻不見得適合成為你居住的地方；相對的，如果你想要求簡單的生活，就必須先擁有一顆不易被打擾的心，才能真的獲得平靜。

被譽為「二十一世紀的新生活導師」的普蘭特，原本是一個坐擁高薪，擁有令人稱羨社會地位的律師，最後決定放棄這個不能帶給他快樂的頭銜，走入單純的心靈，寫下了《簡單生活》一書，她更強調：「我不想死亡降臨時，才發現自己從未享受過生活的樂趣。」

有時候，不盡完美的生活其實只是我們的一種偏見，擁有並不代表快樂，放開你的手，你會發現自己環抱的世界其實比想像中還大。

貪欲是一種頑疾，人們極易成為它的奴隸。

✦ 幸福便利貼 ✦

The Pursuit of Happiness

耶穌向門徒透露自己神之子的身分後，感慨地說：「一個人即使能賺得全世界，卻失去了自我，又有何益？」

當我們接到死神的邀請函時，我們最不想失去的，究竟是一個頭銜、一份財富，還是和孩子或情人曾經度過的快樂時光呢？

人生難免有得有失，不可能每盤皆贏，既然如此，找出生命中對我們最重要的事物，就是此生的命題，答案其實就在你心裡，就看你決定如何回應剩餘的生命。

你也可以成為「樂透」幸運兒

四葉草是車軸草屬植物的稀有變種。在西方，人們認為如果能找到四葉草，就是幸運的表現，所以又稱幸運草。

四葉草會被賦予這些意義，是因為它非常罕見，大概一萬株的三葉草中，只有一株四葉草存在的機率。

所以，人們常說，找到了四葉草，就能擁有幸福，那是因為，三葉草中的一葉代表希望，二葉代表付出，三葉代表愛，而稀有的四葉草就是幸福。

三葉草的含義是，即使你希望了、付出了、愛了，也不一定會找到幸福，只有擁有了四葉草，才擁有了真正的幸福。

關於四葉草其實還有個美麗的傳說。

傳說以前有一對戀人，彼此相愛，住在一片美麗的桃林中，但由於一件小事鬧了彆扭，彼此到了不肯讓步的地步。

終於有一天，愛神看不下去了，她向這對戀人撒了一個小謊，告訴他們兩人都會遇

左盼右顧，什麼都想擁有，只會讓你離幸福越遠。

到逃不過的劫難，除非找到四葉草才可化解。

他們聽完愛神的警告後，都假裝不在意，但心中卻在為對方擔憂，偷偷到桃花林的最深處尋找四葉草，當遇到了對方，才知道彼此仍深深相愛著。

當他們知道對方都很在乎自己時，都感動不已，決定讓四葉草成為他們愛情的信物。愛神的這個玩笑其實是想告訴他們：只有懂得在乎的人才能獲得幸福。

四葉草的故事只是一個傳說，但也告訴了我們一個道理：學會珍惜幸福。

一個人一生當中能有幾分幸福或許是早已註定的，但你如果珍惜一分，便得到了一分；如果浪費一分，便失去了一分。

一個人如果對自己所擁有的總是感到不滿的話，即使得到了全世界，也不會幸福。

親手種下自己的幸運草

有個小天使，他可以利用自己的魔法滿足世人的欲望。

一天，小天使遇到一位詩人。詩人年輕、帥氣，有才華且很富有，還有一位很漂亮賢慧的妻子。

可是，詩人告訴小天使，他一點都不開心，希望小天使能讓他感到幸福。

小天使想了想，終於想出一個好辦法：他將詩人所擁有的一切都拿走了，包括才華、財富，以及他年輕的妻子。

半個月後，小天使又去找那位詩人，發現他已經窮困潦倒了。接著，小天使又將詩人原來擁有的一切重新還給他。

詩人對小天使千恩萬謝，感謝小天使終於讓他明白了什麼是幸福。

人往往都是這樣，失去了才知道可貴，那麼為何不在擁有的時候好好珍惜呢？人生在世，沒有災殃禍患就是福報了，無奈很多人都是身在福中不知福，一味地想要抓住更多的東西，最後鬆開的雙手，反而鬆開了原來的幸福。

就像故事中的詩人一樣，即使擁有令人稱羨的生活，卻還要不懂得珍惜，當失去本已擁有的幸福時，才追悔莫及。

與其渴求那些遠大的虛幻雲影，不如珍惜身邊的點滴甘露。一味盲目地去追尋那虛無縹緲、遙不可及的幸福，我們就會錯過所有路邊最美的風景。當然，也包括那株幸福的四葉草……。

幸福便利貼

The Pursuit of Happiness

我們總是嚮往遠方的風景，卻忽視了最美麗的景色就在自己身邊。

幸福，其實是無處不在的。對於異鄉的遊子來說，幸福就在回家的途中；對於忙碌一天的上班族來說，幸福就是回到家時，家人的一句溫暖的問候。

幸福存在於我們生活的各個角落裡，存在於我們生活的分分秒秒中。只要我們懂得珍惜，知福惜福，時刻對生活懷有一顆感恩、知足的心，你就是一個幸福的人，四葉草也會一直存在於你的心裡，存在於你生命中的每一個瞬間……。

常懷感恩，讓幸福閃閃發光

不論我們是貧窮，還是富有；不論我們的身體是健康，還是殘缺；不論我們經歷的困難是多，還是少；……我們走過的每一段人生，都刻下了深深的痕跡。

如果我們能在平凡的生活之中時刻心存感激，感恩那些幫助你、給你無數機會的人，感激生命本身的贈予，那麼，你所獲得的一定比原來的更豐富。

被譽為繼愛因斯坦之後最傑出的物理學家霍金（Stephen Hawking），他是個肌肉萎縮的運動神經症患者，全身癱瘓，不能開口說話，他著名的論文，都是透過眼球每吋的移動與電腦連結而一字一字辛苦寫下的，但當殘疾患者抱怨命運的同時，他卻持續研究宇宙的奧秘，對自己的生命每分每秒毫不放棄。

一九八八年，霍金的科普著作《時間簡史：從大爆炸到黑洞》出版，從研究黑洞出發，探索了宇宙的起源和歸宿，即使書中內容極其艱深，在西方被戲稱為「讀不來的暢銷書」（Unread Bestseller），該書仍被翻譯成四十餘種語言，出版逾一千萬冊。

後來，他不僅擔任劍橋大學的教授，在二〇〇六年十一月底，更獲得英國皇家學會

如果你總是感到不滿，即使你得到了全世界，也不會幸福。

頒授科普利獎章（Copley Medal），等於在歷史上與愛因斯坦及達爾文齊名。

在一次學術研討會上，當被記者問及疾病是否讓他失去太多時，霍金微笑著邊轉動眼球，指示電腦回應：「雖然我不能像正常人一樣生活，但我的大腦還能思維；我有終生追求的理想，有我愛的人和愛我的親人和朋友；對了，我還有一顆感恩的心……。」

人們被霍金的話深深地感動了。讓人們最為感動的，並非因為他曾經的苦難，而是他面對苦難時的樂觀，以及那顆對生命永遠感恩的心。

不要白費時間的價值

有個年輕人，經常感到自己一無所長。因此，他就去找一位很受人尊重的哲人，希望他能為他指點迷津。

年輕人回答說：「我覺得自己是個很不幸的人，懇請您為我指一個方向，讓我能夠找到人生的幸福。」

哲人搖搖頭，說：「你擁有與別人一樣的幸福，因為每天時間之神也在你的時間銀行裡存下了八萬六千四百秒的時間。」

年輕人苦澀一笑，說：「可那又有什麼用呢？它們既不能給我帶來財富，也不能給我帶來榮譽，甚至都不能為我換來一頓晚餐……。」

哲人肅然打斷年輕人的話，問：「難道你不認為它們比這些更珍貴嗎？你不妨去問一個剛剛錯過與愛人相見的人，一個小時的約會有多少價值？你再去問一個與金牌失之交臂的運動員，差一分鐘有多少價值？最後你再去問問一個剛剛從死裡逃生的幸運兒，生死間的一秒之差又有多少價值？」

聽了哲人的話，年輕人感到很慚愧。

哲人繼續說：「只要你明白擁有一切的可貴，才能看到更多有價值的東西，也才能獲得幸福。」

只要我們擁有現在，哪怕是最普通、最平凡的生活，我們都是幸福的、富有的。因為，我們每天都擁有八萬六千四百秒的時間可以支配。

在這些時間內，我們可以做出更多令自己、令他人感到幸福的事。所以，我們不僅不要忽視每一天的時間，反而應該感激生命的賜予，讓我們能擁有時間去創造美好的生活，創造屬於自己的幸福。

只要我們心存感恩，歲月賜予我們的，也往往會比我們感受到的更為豐富。

幸福的存款就在你心裡

當我們覺得自己若有所失時，以下的數據，或許可以讓你重新檢討自己面對生命的態度：

如果你身在台灣，可以擁有自由的信仰，不愁因而被拘捕壓迫、虐待至死，你已經比三十多億人（全球百分之五十的人）還要自由；如果你至今未經歷過戰亂、被囚禁虐待、饑荒，你已經比五億多的人（全球百分之八的人）幸福了。

如果你今晚可以回家，家裡也有屋頂、有電供應、有張床可以大睡一覺，你已經是比四十多億人（全球百分之八十的人）幸福了，他們終其一生都沒有像樣的、安全的居所；如果你銀行戶頭有點存款，錢包裡還有一點錢，你已經是比五十多億人（全球百分之九十二的人）幸福了，因為他們家徒四壁，屬於真正的「無產階級」。

如果你每天吃得很營養，你已經比三十多億人（全球百分之五十的人）幸福了，因為他們營養不良；如果你今天吃了三餐，你已經是比六千多萬人（全球百分之一的人）幸福，因為他們此刻瀕臨餓死邊緣；如果你今天喝水，不用恐懼又未因此生病中毒，你已經是比二十多億人（全球百分之三十的人）幸福，因為他們生活的地方，沒有乾淨的水源供應。

如果你正在讀這段文字，你已經是比二十億人（全球百分之三十的人）幸福，因為他們是文盲；如果你有機會念大學，你已經是比六十多億人（全球百分之九十九的人）幸福，因為他們都無緣接受高等教育。如果你擁有一台電腦，你已經是比六十多億人（全球百分之五十的人）幸福，因為他們不懂得使用，或是負擔不起。

如果你有一份不錯的工作，有一個很和諧的婚姻，有一個乖巧聰明的孩子，父母身體還健康，經濟狀況也不錯，也有很好的朋友，而你還覺得生活過於平凡、缺少樂趣，那就是你不懂感恩了。

在這個世界上，不是所有的人都能享受到如你這般的生活。因此，我們應該擁有一顆感恩的心，善於發現平凡之中的美好，感受平凡之中的美麗，讓原本平淡的生活煥發出迷人的光彩。

只要你明白擁有一切的可貴，才能看到更多有價值的東西。

幸福便利貼

The Pursuit of Happiness

當台灣的星光大道創造出一屆又一屆的歌唱新星的同時，各國類似的節目也都挖掘了不少素人歌手，其中，我印象最深刻的就是英國的保羅・帕茲（Paul Potts）。

在二○○七年前，他是一個說話還會結巴的手機業務，並從小為此受到許多侮辱，但他卻用唱歌化解了每次低潮的情緒。

為了延續這此生唯一的夢想，他花了八年散盡家財只為上歌劇課，其中又經歷了腫瘤等病痛的折磨，他還是不放棄，甚至因此背負上萬英鎊的巨大債務。

最後，他穿著破舊的西裝登上了英國星光大道的舞台，短短五分鐘內，就讓成千上萬的觀眾在螢幕前感動流淚，還因此獲得到英國皇室獻唱的殊榮。

他是一個其貌不揚又平庸的三十六歲男子，卻為自己創造最不凡的人生，就像節目中，某位裁判說的：「我最喜歡這個節目的理由，是因為我能夠看到一個平凡的人，做著平凡的工作，但在他身上，卻閃耀著一種力量，一種不可思議的眩目光亮」。

是的，真正感動人的力量，真正炫麗的光芒往往是藏在一個就像你我一樣平凡的人中……。沒錯，你的身上，一定也藏有這樣的光芒，就等著某一天發光發熱，只要你記得，繼續往你夢想的道路，一步步向前走。

每天記下五件值得感激的事

感恩也是一種生活態度，是一種善於發現美，並欣賞美的生活智慧。

如果我們每天惦記的都是一些不如意之事，終日惴惴不安，生活也就索然無味了。

相反，如果我們時刻都能保持一顆感恩的心，感激生活中每天出現的平凡的美麗，以坦蕩的心境和寬闊的胸懷來應對生活中的酸甜苦辣，原本平淡的生活也會煥發出迷人的光彩。

其實，每一天我們都可以遇到許多美好的時刻，遇到許多值得感激的事。例如，朋友不求回報的友誼，情人開心地陪你散步，媽媽為你做了一頓晚飯……，對於這些，我們都應懷著一顆感激的心。

加利福尼亞大學的研究顯示：經常記錄值得感激的人事物，會讓人在未來一週內會更樂觀，對生活也會更為滿意。

所以，建議你每天記下五件值得感激的事。這些事可大可小，從工作到生活、從家人到朋友……，都可以記錄。

當感恩成為一種習慣時，我們就會更珍惜生活中平凡的美好。

當然，我們的記錄也許會重複，但這不重要。

我們記錄值得感激之事的目的，不是為了記錄而記錄，而是為了讓自己體驗履次被幫助、被呵護的幸福感，同時也提醒我們懂得感恩，懂得知恩圖報，懂得以同樣的方式幫助他人，為他人帶來幸福。

當感恩成為一種習慣時，我們就會更珍惜生活中平凡的美好。

我們不再視別人的幫助為理所當然，我們不再對已擁有的一切不加珍惜、任意揮霍，我們也不再對生活中的困境抱怨不已。因為任何一種或美好、或悲傷的處境，都是生活賜予我們的幸福，都有值得珍惜的理由。

每筆紀錄，都是難得的幸福

在美國感恩節的這一天，親朋好友都會歡聚一堂，感謝頌揚上蒼在過去一年中給予他們的恩惠和仁慈。

不僅如此，感恩節更是一種社會活動。

美國人會在超市的門口放著一個大桶子，讓人們留一份食物給那些食不果腹的窮人。

而且，政府、教堂和學校也會準備大量的食物，並敞開大門，將這些食物分發給無家可歸者。

人們在自己享受美味的同時，也不會忘記那些沒飯吃的窮人。

這個節日也給了眾人行善的機會，讓人們的心靈由此而獲得安慰和生活，並帶來付出的幸福。

有的人生病什麼都不能吃，有的窮人吃不到好的食物，而我們卻既能吃飽又能吃好，所以應該感謝生命讓我們擁有健康的身體；有的人在寒冷的冬夜無家可歸，而我們卻有溫暖的家可以棲身，所以感謝生命給予我們溫暖的家；我們孤獨時有朋友，寂寞時有音樂，無助時有家人，所有的這些都值得我們感謝。

所以，請用心記錄下值得感激的事，告訴自己：雖然生活有苦有痛，但更多的時候卻依然值得感激，因為很多時候我們感到很幸福、很滿足。

每天睡前，花一點時間記錄一下，今天有多少讓自己感激的事？

任何一種美好或悲傷，都有值得珍惜的理由。

如果我們能感受到生活中的美好，也能時刻充滿感恩之心，幸福感也會時刻洋溢在我們周遭。

試著抱著一顆感恩之心來體會生活吧，不要因為冬天的寒冷而失去對春天的渴望。我們要感謝上蒼，給了我們四季的輪迴！

幸福便利貼

The Pursuit of Happiness

每天花點時間記錄五件值得感激的事，可以與愛人、孩子等家人一起進行，讓全家人都共同表示對生活的感激。

這不僅能讓一家人都生活在一種幸福的氛圍中，還能讓彼此關係更加親密。同時，也會在我們的心中種下善良的種子，慢慢結出善待他人、幫助他人的果實。

理所當然，讓愛消失的無形殺手

在諮商的案例中，我常常遇見婚後的女人，因為工作、家庭的雙重壓力，讓她們背負了比過去的女人更大的壓力，有些人把我當姐妹，聊聊天紓解心事、有些人則把我當成社工人員，對於家庭中隱性的暴力尋求幫助。

經過這些年的「精神試煉」，我必須誠實地說，台灣社會中的男人，至今仍有不少存在著父權時代的原始觀念，壓迫著每一份完整的感情，讓它產生裂痕。

這種「理所當然」的對待，當然不只存在於愛情，也存在於親情，及人生的各種時刻，一個最平易不過的家庭情況劇，或許最可以說明這種情況。

每天上完班回到家裡，丈夫就不耐煩地問妻子：「飯做好了沒？我餓死了！」對妻子的忙碌辛苦卻視而不見。

有一天，丈夫帶了一位未婚的同事小李回家。

小李一進門，妻子笑盈盈地接過兩人的公事包和外套後，丈夫還是重複每天的那句話：「飯做好了沒有？」

自從有了生命，人便沉浸在恩惠的海洋裡。

小李卻說：「大嫂，辛苦您了！」

看到一桌熱騰騰的飯菜，小李感動不已：「每天一回家就有這麼美味又溫暖的飯菜可以吃真幸福！哪像我，每天回家面對的都是冰冷的牆壁。」

席間，更對大嫂做菜的手藝讚不絕口。

只見妻子眉開眼笑，不斷夾菜給同事，丈夫卻被冷落在一旁。

吃完飯，丈夫照慣例拍拍屁股，想和小李一起到客廳看電視、喝茶。

而小李卻忙不迭地幫忙收拾碗筷，還不忘道謝：「大嫂，讓您費心做了這麼多好菜請我，就讓我來洗這些碗盤吧。」結果妻子自然不會讓客人洗碗啦。

同事走了後，妻子一邊收拾房間，一邊唱歌。

丈夫問：「你今天怎麼這麼高興？」

妻子說：「我為你做了十幾年的飯菜，你從沒跟我說一聲謝謝。吃完飯不但不幫忙洗碗，還要我泡茶侍候你。你看看小李多貼心！」

「那是因為他第一次來我們家，因為他不認識你。你等著看好了，看他結婚之後，會不會跟他老婆說謝謝。」

改變就從一句句感謝開始

很多人都會抱怨，夫妻之間的問題，或與熟悉朋友的相處，有時會覺得缺少了一些東西。其實，這就是因為他們不知道珍惜現有的美好，將一切都視為理所當然，忽略了最基本的感恩之心。

妻子為什麼一定要煮飯？那是她的工作、她必須要做的事嗎？

其實是因為她愛你；朋友為什麼要多次幫助你，是因為那是他的責任嗎？還是他從中得到了好處？其實是因為珍惜與你的友誼。

請記住，生活中的一切美好都值得我們感激，不要將其當成是你理所當然該擁有的。只有學會心存感激地面對生活賜予的一切，才會懂得珍惜現在、享受現在。

即使在外人看上去無比完美的生活，有時也免不了出現困惑。

而生活是屬於個人的，幸福也是如此，都無法複製。如果想從現有的困境中掙脫，唯一的方法就是珍惜自己所擁有的，並不吝感謝，你的生活就會開始產生明顯的改變。

人如果不懂得珍惜，終其一生，都會苦於追逐而疲於奔命。

✦ 幸福便利貼 ✦

The Pursuit of Happiness

有時候，人心之所以容易受傷，是因為來自我們某些隱性的要求，覺得很多事應該符合自己的期望進行，如果稍有出入，就會覺得老天虧待自己，最後只能從這種錯誤的期望回收到一次又一次受阻的情緒，但哪有一件事都可以不透過長時間的努力，成果就可以從天而降呢？

其實，這種傷害完全是自找的。我們本該感激上蒼讓我們擁有這一切看似平常卻珍貴無比的東西，而你卻認為凡是我們得到的都是天經地義，本來就該屬於自己的，不懂心存感恩的人，結果必至心生不足。

如果要學會珍惜和感恩，就是要意識到別人為你所作的一切付出。

人不能單靠自己的力量，從不會說話的嬰兒到變成成熟的父親或母親，一生中，有許許多多的人在為你的成長做出貢獻，你應該記住那些愛和恩，並期許自己也能夠做一個能夠付出，而不是只會接受的人。唯有如此，你才能懂得愛的力量，不在奪取，而在分享。

別讓抱怨垃圾腐蝕你的幸福

面對各種生活的壓力，當我們無法解決當下的問題時，常常會衍生成很多抱怨：

路上的駕駛A：「前面的那個人到底會不會開車啊，開那麼慢，還擋在快車道幹嘛？」

菜鳥業務B：「真倒楣，一出門就遇到下雨天，等下要去見的那個客戶又很難搞，今天真不順利……。」

看到孩子月考成績的媽媽C：「你怎麼又考不及格？我花這麼多錢讓你去補習，怎麼一點效果都沒有，叫你多用功唸書有這麼難嗎？」

美國威爾．鮑溫（Will Bowen）牧師在《不抱怨的世界》一書中，曾提到這個觀念：「抱怨就是在講你不要的東西，而不是你要的東西。當我們開始抱怨，就是將焦點放在不如意、不快樂的事情上，我們說的話表明了我們的想法，而我們的想法又創造了我們的生活。這是一個惡性循環，也是一種負面的吸引力法則：你發出的抱怨和牢騷越多，你所招惹來的抱怨、牢騷和負面能量也會越多……。」

抱怨自己的不順利，僅僅是弱者的自我安慰而已。

不懂環境會讓我們抱怨，我們還會不斷地抱怨自己，比如時間不夠啊，錢不夠花啊，不夠聰明、不夠漂亮啊。反正什麼看上去都不夠好，不論怎麼看，自己的生活都差別人一大截。

但是，這些抱怨有用嗎？抱怨可以改善原本的狀況嗎？

抱怨自己的不順利，僅僅是弱者的自我安慰而已。喋喋不休地抱怨，在自己和別人身上找缺點，讓人陷入一種負面的情緒當中，除了招來別人的輕蔑，並不能為我們自己帶來尊重。因為抱怨者的生命能量，也在話語中一點點消耗枯竭，最終得到被無限放大的痛苦。

世上本沒有十全十美的事，除了少數特別幸運或特別不幸的人，絕大多數人擁有的都與你一樣多，每天也會面臨挫折和失敗的可能，如果你要把經歷的一切怪罪於命運，不懂得振作的惡性循環，只會吃掉你更多的好運。

天堂與地獄只在一念之間

哲人說：「苦海即是天堂，天堂也即苦海。」

有時我們明明已經生活在天堂了，卻總覺得自己苦不堪言；而我們意識中的苦海，卻仍有許多人生活得不亦樂乎。這一切，其實都源自於我們的心態。

快樂或煩惱只在一念之間，無休止的抱怨只會讓你的煩惱加劇，摧毀你的幸福。因此，當你發現自己要抱怨或正在抱怨的時候，不妨先停下來認真想想：事情真的有那麼嚴重嗎？真的毫無解決之道嗎？

事實上，真正值得抱怨的理由往往寥寥可數，許多時候我們只是在迴避問題，不願直接面對現實，對抱怨放之任之而已，結果就陷入了「抱怨輪迴」。

在生活當中，沒有什麼是一成不變的，也沒有什麼成果是透過抱怨就可以獲得的。相反，抱怨反而讓你更感覺不到幸福。

如果不論快樂還是悲傷，我們都要度過一天的二十四小時，那為什麼不選擇快樂地度過呢？

想想那些比我們更不幸的人，而我們每天早上醒來還能與家人一起自由地呼吸新鮮空氣，一起迎接一天的太陽，這不就是莫大的幸福嗎？能活著，就是最好的事，還有什麼好抱怨的呢？

當你沒有了抱怨，你的心靈就只剩下幸福和快樂。

當你沒有了抱怨，你的心靈就只剩下幸福和快樂；當人人都拋棄了抱怨，這個世界就只剩下和諧和美好。

抱怨會讓重要的問題失焦

有兩個人在沙漠中行走多日，在他們口渴難耐之際，遇到了一位趕駱駝的老人，駱駝身上馱著一大袋水。於是，兩人便向老人討碗水喝，老人卻只給了他們每人半碗水。

在老人走後，其中一個人一直在抱怨老人的吝嗇，有那麼多的水，卻只給他們每人半碗。一氣之下，他竟將半碗水潑掉了。

另外的一個人，雖然也知道這半碗水不能完全解渴，但還是懷著感激之情，喝了這半碗水。

結果，兩人往前走了很久也沒有再碰到水源，而前者因為拒絕喝半碗水，渴死在沙漠當中，而後者則因為喝了這半碗水，走出了沙漠。

老人的施捨分明是一種愛心，後者喝下水，也是對老人施恩的一種感激。也正因為這種感激，才讓他活著走出了沙漠。

而前者卻因為抱怨和不滿，最終葬送了自己走出沙漠的機會。

感到自己幸福的人並不比其他人擁有更多幸福的資本，而是因為他們對待生活和困難的態度不同。他們從來不抱怨：「為什麼會這樣？」，而是問：「怎麼做才不會這樣？」

鮮花不可能在憂傷的眼睛裡產生詩意，而平凡的生活卻會為不抱怨的人帶來幸福。

面對生活，即使困難，也要心懷感恩，遠離抱怨，相信幸福會更加眷顧懂得感恩和努力的你。

幸福便利貼

The Pursuit of Happiness

抱怨只會令我們生活得更加疲憊。

因此，當現實無法改變時，我們不妨改變自己的態度。當你決心改變思維，放棄抱怨，並懷著一顆感恩之心時，你就會驚喜地體驗到始料未及的美好和幸福。

即使是平庸的日子，即使是平常的生活，即使是平凡的人生，細細品味，感恩對待，也能品出最雋永醇厚的滋味。

用幸福信念點亮生命中的每一天

獨享幸福，終將失去幸福

其實，一個人的幸福大多來自於身邊人、事、物的給予與分享。

你覺得幸福，因為你的男友只愛你，所以這份幸福是專屬於你的。但別忘了，給你幸福的人，也同樣正享受著這份為你付出的幸福。

你覺得幸福，因為你獲得了獨一無二的榮譽，所以這份幸福是專屬於你的。但別忘了，那些陪你一路走來的人，他們也正和你一樣享受著這份收穫的幸福。

幸福的人身上就像有一種無形的氣場，可以悄無聲息地影響著身邊的人。你有沒有覺察到，原本沉悶的心情，因為朋友們滿溢幸福的笑臉或話語，而變得開朗起來？

有沒有那麼一刻，你會覺得你很幸福，但不是因為自己，而是因為身邊某個人正幸福著？

也許，我們錯過了很多這樣美妙的瞬間，我們覺察到的大多是羨慕甚至嫉妒。但若靜下心來細細體會，你會發現——自己的內心深處還是會為別人的幸福而幸福，不論這幸福是屬於誰的。

散播快樂，做一台幸福製造機

一天清晨，在一列老式火車的臥車中，有五、六個男士正擠在洗手間裡洗臉。經過了一夜的顛簸，大家都很疲勞，因此人們的面部表情都很漠然，彼此間也不交談。

這時，一位面帶微笑的男士走了進來，他愉快地向大家道早安，但沒有人理會他的招呼。然後當他準備刮鬍子時，竟然自若地哼起歌來，神情也顯得十分愉快。

他的這番舉止令其他人感到很不解，甚至有些不悅，於是有人冷冷地、帶著諷刺的口吻問這位男士：「喂，你好像很開心的樣子，有什麼好開心的？」

男士回答：「正如你所說的，我很開心、很愉快，為什麼不呢？儘管這火車很顛簸，但我們還是迎接了燦爛美好的清晨，這是多麼令人開心的事呀！」

幸福的人有一種無形的磁場，可以悄悄地影響著身邊的人。

幾個人聽了，臉上的淡漠表情也逐漸放鬆了，甚至有人開始對他微笑起來，向他表示友好，後來每個走出盥洗室的人，都滿臉愉悅的神色。

每一次被流感所傳染時，你可能都要環顧四周，看看這要「歸罪」於哪個朋友、同事或家人。那麼，現在再環顧一下四周吧，找找你需要感謝的人，因為他們的存在給你帶來了幸福感。

生活雖然不如你想得那麼美好，但也不算糟糕。我們所缺少的是一種心境，還有對美好事物的發現。把你的快樂帶給別人，你也會更加快樂、更加幸福！

幸福是每個人心底的一口永不乾涸的泉水，流出來越多，被舀走的越多，它會湧出更多。

讓我們把這種生命不滅的能量傳遞出去吧，讓它形成一個磁場，溫暖我們周圍的每個人！

✦ 幸福便利貼 ✦

The Pursuit of Happiness

《當幸福來敲門》（PURSUIT OF HAPPYNESS）這部改編自真人真事的催淚電影，在二〇〇七年感動了許多台灣的觀眾。

片中的主角克里斯是以推銷醫療器材為業，他熱愛家庭，但這份工作卻無法維持家計，讓妻子因此離開。為了自己和家人的未來，克里斯想方設法擠進證券經紀公司當一名無薪實習生，希望最後能被公司正式錄用。

在沒薪水的情況下，克里斯負債累累，他和兒子被逐出公寓，住進汽車旅館，正當情況逐漸好轉時，在銀行的存款又因欠稅被政府全數充公，父子倆只好露宿街頭。在車站睡了幾晚後，他們每天到教堂排隊住宿，有時候成功的搶到床位，有時只能睡在捷運站的廁所中，這樣困頓的生活讓克里斯決心完成實習，成為正式員工。最後，克里斯正式進入公司，之後在1987年成立了賈納理奇證券經紀公司。

因為克里斯追求幸福的信念從未消失，並感染到他的兒子，讓他在困苦的環境中，臉上仍能出現一般孩子臉上的陽光笑容，這份追隨幸福的信念，也讓他的第一位投資人相信他的熱誠，而願意將大筆的資金給他管理，現實中，他是第一位打進證券界的黑人，這個故事也在訴說幸福的能量是能散播的，只要你願意正面迎向幸福，所有的人都會受到你的感染，而幫助你築夢踏實。

「人生最美麗的補償之一，就是在真誠幫助別人之後，也幫助了自己。」

美國文明之父 **愛默生**（*Ralph Waldo Emerson*）

Chapter 3

填補欲望坑洞，讓心靈富足

你有機會成為大富翁嗎？

幸福顯微鏡

假設你開車進入隧道，你覺得過完隧道後，前面會是什麼樣的風景？

A．海邊。
B．小村莊。
C．另一個隧道。
D．楓葉林。
E．山。

結果分析

A：

在你的觀念裡，認為錢是要用來花的，而不是用來存的。所以，只要是你非常想要的東西，不計任何代價也非買不可。你平常賺多少就會花多少，而且你的眼光很高，所以買的東西都所費不貲。因為你有點愛慕虛榮的傾向，所以最好改掉浪費的壞習慣，才能開始計劃存錢朝富翁之路前進。

B：

你是一個很實際的人，也知道如何運用金錢，了解儲蓄的道理。你不會隨便亂花錢，也比較不會把錢花在玩樂上，所以有時會被朋友認為你很小氣。不過，若你能適當改變一下自己略顯小氣的性格，可能會更有生活情趣，也不會變成被物質牽著鼻子走的守財奴。

C：

你對錢的感覺很敏銳，擅長投資，認為與其辛苦存錢，不如學會投資，以利滾利賺取更多的金錢。你對自己的金錢狀況還算滿意，但覺得若能有更多的錢用於投資就更完美了，所以你是最有機會一夜致富的類型。

D：

你是個浪漫的人，生活態度也很夢幻，認為精神的富有比物質富有更重要，因此對生活要求不高，但對錢卻不放在心上。只有在急用的時候，才會想到有錢的好處。而且你對金錢的運用漫不經心，借給別人的錢也容易忘記，所以財神很難向你招手。

E：

雖然你看起來像是個不懂節儉的人，但常能在不知不覺的情況下存很多錢，而且方法也很合理。你一直覺得自己是個富有的人，對金錢的態度也很豁達，認為該花時就不該太吝嗇，但不用花的錢，你也不會亂花，是個對錢調度、花用有所節制的高手。

人不能把錢帶進墳墓，錢卻可以把人帶進墳墓

現在坊間充滿了許多教人理財的資訊，所以大家對於「金錢」與「幸福生活」的直接連結，也越來越深，歷史上，也有許多文哲名家認同金錢對人生的助益。

英國散文家查理斯・蘭姆（Charles Lamb）說：「金錢是能讓我們去除了天堂以外的任何地方的一份護照。」

莎士比亞（William Shakespeare）說得更誇張：「金錢可使盲人重見天日。」現實生活中，沒有錢的確是寸步難行：買房、買車、結婚、旅遊、孩子上學……哪樣沒有錢都不行。

馬克思也曾說過：「商品、金錢是在人的勞動下創造出來的，它與勞動一起，使人們擺脫了原始的共同體，使人類社會的發展有了可能。」

金錢好的一面：能滿足我們的物質生活。但是，金錢也有壞的一面，過分追求金錢，只會使你忘了賺錢原本的目的。

金錢並非無所不能

二〇〇八年爆發的「馬多夫龐氏騙局」（Ponzi scheme），就是一個最好的例子。納斯達克前董事會主席伯納德・馬多夫（Bernard L. Madoff）深諳人性貪欲的心理，以許諾「超高報酬」的方式吸引許多政商名流投資，最後被他的親生兒子舉報，他經營的避險基金持續虧掉客戶的錢，但卻拿新投資人的本金去償付先前投資人的獲利，造成投資長期賺錢的假象。

近五百億美金的吸金鉅額也已人間蒸發，等投資人發現被詐騙已為時已晚，許多原本富可敵國的富豪竟為此賠上一輩子的積蓄。

這提醒我們一個人如果過度追求金錢，將金錢視為獲得幸福的必需品，就必然會滋長貪婪奢靡的心理，甚至喪失理智，導致欺詐、貪贓、受賄等犯罪行為的發生，最終淪為金錢的刀下之鬼。

這時，即使你擁有了全世界的金錢，卻喪失了自我，不也是得不償失嗎？就像本來擁有名望的馬多夫，最後卻因為自己的私利，被聯邦法院判下一百五十年的重刑，人生

因貪婪而獲得的金錢，只會成為人生的累贅。

最後的自由也蕩然無存。

曾調查馬多夫公司的私家偵探福斯說：「如果事情好得不像真的，那就有可能是假的。」因貪婪而獲得的金錢，只能是人生的累贅。這可以讓我們重新檢視自己的投資心態。

不是你的，就不應該多拿

有一座山，山裡有一個神奇的洞，據說裡面的寶藏足以讓人終生享受不盡。但是，這個山洞要一百年才開一次。

有個人無意之中經過了這座山，恰好趕上百年難得的一次洞門大開的機會。他興奮地跑入洞內，果然發現裡面有大量的金銀財寶。

他快速地往袋子裡裝進眼界所及的珠寶，因為洞門隨時都可能關上，他必須動作要快，否則就可能出不去。

當他得意洋洋地裝了滿滿一袋珠寶後，神色愉悅地跑出了洞口。出來後，他發現洞門並沒有關閉，於是就想跑到裡面再裝些珠寶出來。可是當他剛剛進去，洞門卻突然關閉了，他和山洞一起消失得無影無蹤。

所以，人不能太貪婪，否則金錢就會成為人生的枷鎖，鎖住你的自由，甚至會成為埋葬自己的墳墓。

事實上，金錢與幸福感之間幾乎沒有什麼直接的關係。金錢不是成功與幸福的最終目的，而只是幫助你實現成功或獲得幸福的工具而已。

藉助金錢可以有利於實現成功，但擁有金錢或金錢本身並不意味著你一定成功，或者一定能夠獲得幸福。

有時候，讓我們感受不到幸福的不一定是貧窮，也許是對金錢的無度追逐和貪欲。擁有金錢，只是物質上的富有，但不一定是精神上的富有。相反地，人生的真正幸福，不只是物質方面的，更需要被填滿的其實是我們的心。

所以，面對紛繁複雜的世界和物欲橫流的社會，我們要懂得把握金錢與幸福的關係，要學會讓金錢為人創造幸福，而不是被金錢毀掉幸福。

金錢只是幫助你實現成功或獲得幸福的工具而已。

✦ 幸福便利貼 ✦

The Pursuit of Happiness

錢可以帶來快樂，卻不能帶來幸福。過度追逐金錢，只會令金錢成為人生的負擔，甚至會因為金錢而付出生命的代價。

金錢是一把雙刃劍，就像水一樣，缺了會渴死，但貪圖就會淹死。

人的欲望是無止境的，天下熙熙，皆為利來；天下攘攘，皆為利往。古人所說的「利」指的就是金錢。

人生在世，追求財富無可厚非，但切不可過於貪婪，否則下場往往是很可悲的。

其實，我們每個人擁有的財物，無論是有形的還是無形的，都沒有一樣是真正屬於你的。有的是讓你暫時使用，有的是讓你暫時保管而已，到最後，物歸何主就不得而知了。所以，智者會將這些財物都視為身外之物。

因此，學會淡然看待金錢，讓擁有的金錢成為自己獲得幸福的工具，而不是讓獲取金錢成為生活的主要目的，這樣你才能移開目光，看見真正的幸福。

分辨目標和方法的區別

努力賺錢或努力存錢都不是錯誤的，因為物質上的富有的確可以幫助一個人獲得更多的幸福。有了金錢的保障，我們可以買自己喜歡的東西，可以拒絕自己不喜歡從事的工作，可以不用再為帳單煩惱……而且，賺錢的欲望也能成為我們生活中積極的挑戰，讓我們實現自己的價值。

但是，金錢本身是沒有價值的，它只是實現自己想要的生活以及獲得幸福的手段而已。因此，如果為了獲得金錢而不擇手段，甚至犧牲幸福來索取金錢，就會使獲得金錢的過程失去意義，甚至得不償失。

同樣，幸福也不取決於財富。你是否曾看過那些在耗子裡的投資人，每天早晨不論陽光多麼耀眼，但是，他們卻總是行色匆匆、目不斜視地盯著螢幕上的數字，根本看不到這些美好的景色。

即使樹上嘰嘰喳喳的鳥兒，路邊爭奇鬥豔的鮮花，都不能將他們從激戰股市的疲憊中拉回來。他們總是深陷於自己的數字遊戲中不能自拔，將心思全部用在淘金掘銀上，

金錢的用途再大，也不能讓人逃避痛苦。

為了金錢四處奔波，筋疲力盡，哪裡還有心情去感受愉悅、感受幸福呢？

金錢無法餵飽心靈需求

幸福，是多少金錢都不能買到的。不可否認，金錢的確能讓人過得舒服。一旦生活遭遇困難，比如生病，錢都可以用來解決問題。

不過，金錢的用途再大，也不能讓人堅強，也應付不了無法逃避的痛苦，更不能令卑劣的品格得以提升。因此，金錢絕不是生活的全部，更不是生活的目標。

有些人在富有之後，甚至比在追逐時還要沮喪，更容易對生活緊張，反而無法安心享受生活中擁有的一切。

之所以如此，是因為他們一旦達到了追求金錢、獲得金錢的目標，就會發現所得到的並不能令自己快樂。此時，人往往會感到絕望，因為沒有了目標，就失去了幸福的指望。

耶穌說：「人不能只靠麵包過活，你的心靈需要比麵包更有營養的東西。」所以，獲得金錢只是人生獲得幸福的一種手段而已，絕不是人生的終極目標。

有個珠寶店，店鋪櫥窗中陳列著許多昂貴的鑽石、金銀首飾，以及各種各樣的珍珠寶石等。

一天，有個窮人站在櫥窗邊欣賞。過了一會兒，窮人走進珠寶店對老闆說：「謝謝你讓我看到這麼多的珠寶和鑽石。」

店主很驚訝，就問他：「為什麼你要感謝我呢？我連一顆鑽石也沒有送給你。」

窮人回答說：「我能看看就足夠了。再有錢的人也只能看看鑽石珠寶，不是嗎？既然這樣，我不是也和擁有鑽石珠寶的富翁一樣了嗎？不過，不同的是富翁肯定會擔心鑽石被別人偷走，而我不會。我只會享受到欣賞的樂趣，不必憂心忡忡。」

所以，不要忽略了你生活的真正目標。你的努力和奮鬥，到底是為了獲得金錢，還是為了獲得幸福？如果認為獲得金錢就可以得到幸福，那麼這個想法是錯誤的。

永遠不要混淆了你的生活目標和實現目標的手段。對於我們大多數人來說，獲得幸福才是生活的主要目標，而獲得金錢只是實現幸福的手段。如果混淆了兩者的關係，我們恐怕只會離幸福越來越遠。

金錢本身是沒有價值的，它只是實現自己理想生活的手段之一而已。

幸福便利貼

The Pursuit of Happiness

人生至高的財富就是幸福，而不是金錢。所以，請分清金錢與幸福的因果關係，不要因小失大。

擁有金錢的人不一定也同樣擁有幸福感。太多富有的人有著壓力和煩惱的問題，甚至為此而酗酒或吸毒。有錢，反而令他們不開心。

在富有之前，他們也一直相信，只要有錢了就會得到幸福，甚至為了獲得金錢，不惜犧牲很多與家人、朋友一起享受生活的時間。

然而，當他們達到所謂的「目標」以後，他們可能會發現：原來自己所期望的幸福根本不存在。

所以，請不要因為過分在意財富或名望，而影響到自己的生活品質，影響到自己原本擁有的真正幸福。

教你活出質，而不是追求量

許多人總是努力挖掘自身的缺點和不足，以求找到自己與別人之間的差距，而對症下藥，奮起直追。但是，很多時候往往事與願違，結果可能會讓自己陷入深深的苦惱和自卑之中。

為何會如此呢？

因為他們總是喜歡盯著自己的弱項不放，卻忽視了自己的天賦和興趣。

大多數人在面臨自己不適合或者不感興趣的工作時，容易在壓力下產生消極情緒和應對方式，如緊張、沮喪、迴避、敷衍等，但最後反而回收更不利的後果，如老闆的批評、父母和老師的失望、升遷的失利等對人生的負面影響。

相反地，如果生活和工作恰恰是自己的興趣和天賦，那麼財富就會成為你快樂工作的副產品，這時，你就不再是為生存或獲得財富而工作，而是為了享受生活、為了獲得幸福而工作了。

其實，我們每個人都可以是生活中的藝術家，試著調動無形的力量，發掘自己的天

如果工作是自己的興趣和天賦，那麼財富就會成為快樂工作的副產品。

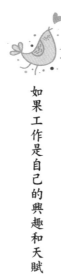

賦和興趣，然後全力以赴，不論能否得到金錢上的回報，你都能堅持到底，這便是幸福的生活了。

為自己的天賦痛快地活

如果將你的熱情都集中在你喜歡的事上，無論做多少努力，都能感受到一種真切地活著的感覺，而這種感覺，卻與金錢和財富無關。

有些人覺得世界上最好的東西是金錢，甚至為追求金錢而忽略，甚至放棄自己的喜好，這只是一種現實的選擇，但是，這並不意味著為了致富就只能注重金錢。

如果你一直從事自己喜歡的事，那麼你的內心也會充滿愉快和幸福感；相反地，如果僅僅為了追求財富，而勉強自己做討厭的事，即使如願以償地獲得了財富，恐怕你的內心也難以擁有快樂，只會做得叫苦連天。

做自己擅長的、喜歡的事，才是真正幸福的。

因為這樣的幸福不用你超越任何人，也不用刻意追求什麼成果，就會自然而然地從過程中散發到生活裡的每個角落。

因為喜歡這份工作，我們可以迸發無窮的活力；因為喜歡這份工作，我們可以勇往直前，不輕言放棄；因為喜歡這份工作，我們永遠會感到前面的道路如此寬闊。

只要能發揮天賦，滿足興趣，這個無形的力量永遠會推動我們前進，並盡情享受屬於自己的快樂與自由，幫助我們找到人生的最高價值。

興趣能為幸福充電

有一個麵包師傅，從一出生，他就對麵包有著無比的熱情，每每聞到剛出爐麵包的香味，他都會感到如癡如醉。

長大後，他不斷在麵包店苦學、實習，終於如願以償地做了麵包師傅。

做麵包時，他總是要求擁有絕對品質的麵粉、奶油等材料，而且要有一塵不染的工作環境，同時還要伴奏著悅耳動聽的輕音樂，這幾個條件缺一不可，他才能得心應手的工作。

他完全將做麵包當成完成一件件的藝術品，哪怕只要有一匙奶油不新鮮，他也不會和進去，他覺得那是對工作難以容忍的褻瀆。

做自己擅長的、喜歡的事，才是幸福的。

如果有哪天不能做麵包，他會對自己滿懷內疚，認為人生真正有價值的興趣已經被剝奪了。

更重要的是，他從不在乎今天自己做了多少生意，賺了多少錢，但他的生意卻出奇地好，超過了所有比他更迫切地想要賺錢的同行們。

正因為這位麵包師對麵包有著強烈的興趣，才會將自己的熱情投入到工作上。

當我們將精力投入到喜愛的事物中，便不會太過於斤斤計較自己賺了多少，因為我們已經從實現和完成這些事物的過程中，獲得了很多幸福和滿足。

世界上最幸福的人，是他的追求恰恰是他的愛好，那是一種超越金錢之外的內心滿足，也是尋求長久幸福的最佳方法。

做自己擅長的事，幸福就會自然而然地散發到生活中的每個角落。

✦ 幸福便利貼 ✦

The Pursuit of Happiness

上帝給你通往幸福的一道大門，就是天賦。

「我的天賦在哪裡呢？」很多人會這樣問。

「與別人不一樣的才能，只有你可以做的更傑出。」肯．羅賓森（Ken Robinson）在《讓天賦自由》一書中如此回答。

順著天賦的道路去尋找幸福，即使時間漫漫，即使必須披荊斬棘，你也不會容易退縮，因為你知道當你在做這樣的工作時，你不是為了任何的事物、不是為了誰而做，而是為了你自己而戰。

有些人之所以會工作的不開心，是因為他們尚未認清自己的天職，可能是因為這個工作並不適合你，也可能根本是因為「你根本沒有看清楚這個工作的本質」，還在環境適應的前三個月，就選擇放棄，錯過了終生的職志。

所以，與其一再換工作，不如在每個工作中，找到自己能夠發展天賦的地方，或是站穩腳跟，等待良機，你會發現往往並不是機會不等你，而是你抓不住機會，於是就與幸福擦身而過了。

追求的過程比終點更美

追求幸福就像爬山一樣，重點在於「爬」的過程。

等到真正爬到山頂後，你會發現風景真的美不勝收，但一路過來的小花小草，才是支持你最終攻頂的背後功臣。

德國作家萊辛（Gotthold Ephraim Lessing）說：「幸福就存在於追求理想的過程中。」

理想的實現可以令人感到幸福，但是，對理想追求的過程則是更大的幸福。在為理想奮鬥的過程中，人會因為忙碌而充實，因為有確定的目標而感到踏實，因為學習如何離目標更近，而提升自己。

成功後，短時間內，人的確會沉浸在幸福與滿足之中，但時間一長，就會因為缺乏新的奮鬥目標而感到茫然，因為身心的放鬆而感到失落、空虛。

例如騎自行車這類活動，進行的過程遠遠比到達目的地帶給人的快樂更多。因為快樂來自於有價值的活動，而不是活動的成果。

有一種觀點叫做「流溢論」，意思是說：當一個人投入到一項活動中，當活動的難度能與其能力相合，人就會產生一種「幸福流」的感覺，而太難的活動容易令人感到焦慮，至於太容易的活動又會令人感到厭煩。

有挑戰性的工作，更能激發生命熱情

心理學家曾說：「人類需要的不是一個沒有挑戰的世界，而是一個值得他去奮鬥的理想和目標。我們需要的，不是免除麻煩，而是發揮我們真正的潛力。」

有個人死後，在去閻羅殿的路上，遇到了一座金碧輝煌的宮殿，宮殿的主人請他留下住在這裡，並問他有什麼要求。

他說：「我在人間辛辛苦苦地忙碌了一輩子，再也不想忙碌了。想過著一輩子想吃就吃、想睡就睡的生活。」

宮殿主人回答：「如果你這樣想，那麼世界上不會有比我這裡更適合你居住的地方了。我這裡有無數的山珍海味，有舒適的睡床。而且，我保證這裡任何事都不需要你去做。」

如果沒有挑戰，我們的潛力就會像一頭蠢蠢欲動的困獸，無處發揮。

於是，這個人就在宮殿留了下來。

剛開始時，他每天就是吃飯睡覺，什麼也不用做，感到非常快樂。

但不久後，他就覺得空虛又無聊了，於是去見宮殿的主人，跟他抱怨：「這種除了吃就是睡的日子，過久了也沒意思，你能不能給我一點事做？」

宮殿的主人回答說：「我們這裡沒有什麼工作可做。」

又過了一段時間，這個人終於忍不住了，又去見宮殿主人，說：「如果你不給我工作做，我寧願下地獄，也不想再待在這裡了！」

宮殿主人輕蔑地笑了笑，說：「你以為這裡是天堂嗎？這裡本來就是地獄呀！」

沒錯，空虛、無聊，沒有目標和理想可追求，就是人生的地獄！

只有有理想和目標可以追求，並能付諸行動，人生才會充實和圓滿，心靈才會變得富有，快樂才會更多，幸福也會漸漸靠近。

有了理想可追求，我們就可以積極地為之奮鬥，人生也有了定向。而奮鬥的過程，往往也可以充實我們的人生，讓我們感受到生命的真實和可貴。

✦ 幸福便利貼 ✦

The Pursuit of Happiness

人是需要使命感的，不論你所追求的理想是什麼，它都可以支撐你充滿熱誠的努力，享受不斷看著自己進步的過程。

當然，並不是所有的理想和心願都能實現，但只要你盡力就好，有時，給自己超出極限的壓力，反而會適得其反，離目標更遠。

因此，我們在追求目標的同時，心中要抱持著「過程第一、結果第二」的積極心態，只要珍惜其中的成長與體驗，你的心靈層次就會隨之提升。

世界著名勵志大師韋恩・戴埃博士曾說：「沒有通向幸福的路，幸福本身就是路。」

生命並不長，別再趕時間了

在很多人的生命中，每天都為了工作、金錢和地位而疲於奔命，當休息與事業之間的天平傾斜了，處於這樣狀態的人，哪裡還能正常地去享受幸福的生活呢？

在歐洲的阿爾卑斯山上，有一條風景很美的大道，上面有一句標語寫著：「慢慢走，請注意欣賞！」

然而，在快節奏的社會背景下，人們總是忙著去趕路，而忘記了欣賞路上的風景；總是沒有經過足夠的思考，就匆忙做出有失理性的決定；總是為了金錢、名利忽略自己的健康；總是為了盲目的目標，固執地堅持走著那條南轅北轍的路……。

在忙碌的世界中不停地追求奔波，就如同在阿爾卑斯山上旅行時，匆匆忙忙地乘車路過，根本沒時間回頭，欣賞一下路旁的風景。

結果，這原本豐富美麗的世界，在人們眼中卻變得一無所有，只剩下了匆忙和緊張、勞碌和煩惱。

其實與自然相較，我們的生命並不長，短短幾十年而已，何必那麼匆忙呢？

日復一日、年復一年地忙碌生活，只會令我們漸漸失去對生活的熱情，很多曾經久違的東西也會在不知不覺中沉睡。

而這些沉睡的東西，恰恰是快樂和幸福的源泉。想要找到原來的它們，我們就必須學會停下腳步，讓匆忙的生命歇一歇。

證嚴法師曾說：「人生沒有所有權，只有使用權。」

既然如此，為什麼不在有限的時間當中，盡情享受人生中的每個重要時刻，而不是想要加快到達目的地的腳步。

想想小女兒的第一個生日，你們是怎麼過的？想想母親在你放學後，煮的一碗綠豆湯是什麼滋味？想想情人與你度過的每一個大大小小的情人節……，這些每個人的生命中都可能經過的歷程，有些人只會把它當成時間的一個環節，不特別重視，有的人卻會細細品嚐，用心經營，把美好的點滴收集在自己的回憶盒裡。

我一直記得丈夫婚後和我說過的：「我們的每個結婚紀念日，一定要安排一些有別於平日生活的特別活動，將來老了回想起來，才不會覺得一片空白，而是一個個鮮明又快樂的回憶，這就是我們婚姻的寫照。」

人生的美麗和幸福，屬於那些懂得將忙碌和休閒協調平衡的人。

所以，我們即使再忙，一遇到結婚週年前，雙方會有默契地早早就安排好旅行的行程，或許是短短幾天，有時候甚至只到台灣一些我們尚未探索過的景點，但每每回到家，打開數位相機的照片，一邊感慨又過了一年，卻又一邊感動著，我們從未因歲月的流逝，而放棄共同經營婚姻的那份心意。

停駐，是為了遇見更多美好的時光

有一隻小老鼠在森林中拼命地奔跑，烏鴉看到就問它：「小老鼠，你為什麼跑得那麼急呢？歇歇再走吧。」

小老鼠氣喘吁吁地回答說：「我不能停，我要看看這條大路的盡頭是什麼樣子。」邊說邊繼續奔跑著。

一會兒，小烏龜也看到了小老鼠，就問它：「你為什麼要跑得這麼著急呢？停下一起曬曬太陽吧。」

小老鼠依舊回答說：「不行，我忙著趕到路的盡頭，想看看那裡是什麼樣子。」

一路上小老鼠遇到很多朋友，但它一直沒有停歇過，一心想著快點到達終點。直到有一天，小老鼠猛然撞到了路盡頭的一棵大樹，終於停下來了。

「原來路的盡頭就是這棵樹呀！」小老鼠喟歎道。

更讓它感到懊悔的是，它發現自己此時已經老邁了：「唉，早知如此，好好欣賞一下沿途的風景，和朋友們遊玩享受一下生活，該多好呀……。」

有些人每天忙著跟時間賽跑，腦海裡只有「快一點，再快一點」的概念，所謂的幸福和快樂，也就這樣被匆忙的生活所吞噬。

其實幸福和快樂就隱藏在瑣細的生活之中，只需停一停匆忙的腳步就可以發現，而很多人卻兀自睜著一刻都無法閒暇的雙眼，對此視而不見，結果也錯過了本該屬於自己的幸福……。

人生的美麗和幸福，屬於那些懂得將忙碌和休閒協調平衡的人，屬於那些能隨時將忙碌暫停而「偷閒」的人。

也許每個人都思考過這樣一個問題：「我這一生這麼辛苦，到底是為了什麼？」

有人說，人生於世就是為了尋找幸福。

然而，有時候我們走得真的太匆忙了，總是帶著悲傷和疲憊一路向前，只顧沉浸在痛苦深處，卻不知自己已身處幸福之中。而與幸福擦肩而過！

✦ 幸福便利貼 ✦

The Pursuit of Happiness

每個人的一生都是一場旅行，重要的不是目的地，而是沿途的風景，以及那分懂得欣賞風景的心情。

在短暫的人生旅途奔走時，別忘了適時地停下腳步，駐足片刻，欣賞一下路邊綻放的玫瑰。

上天賜予我們一雙眼睛，不是讓我們緊盯前方的目標，是讓我們懂得發現身邊的幸福。

有位哲人曾說過：「當我們正在為生活疲於奔命的時候，生活已經離我們而去。」所以，請為了我們的生命、為了我們的幸福，放慢腳步。

無私的付出，無限的回饋

古人云：「將欲取之，必先予之。」這句話道出了付出的真諦。

你要想摘樹上的果實，就要先給樹澆水、施肥；你若想在事業上有所成就，就必須先付出心血和汗水；你要想得到別人的幫助，就必須先去幫助別人；你要想得到別人的愛，就必須先要學會愛別人；……。

海倫．杜卡斯（Helen Dukas）在《愛因斯坦談人生》中說過：「請透過使別人幸福的方法，來獲取自己的幸福。」

一位生物倫理學家也說：「如果你想要更多的希望，或者一種與這個世界深深連結的感覺，那就去付出吧。」

但這種付出是一種不求回報的給予。

今年三月的東日本大地震與引起的海嘯，一夜之間，毀滅了無數幸福的家庭，罹難人數至今已破萬人，甚至還有十二萬的人可能受到輻射的威脅。

全世界各地的人看見了日本的災情，也有錢出錢、有力出力，台灣方面的捐款也已

付出，是一種平凡中的偉大。

破十五億，我相信這筆捐款不只代表了台灣人民每一個人的愛心，在此同時，我們也很感激，自己仍有援助他人的力量，也讓我們從這次的災變中，重新看待自己身邊的人事，領悟生命的無常，教我們學會珍惜當下。

幫助別人，就是在幫助自己

有個守財奴每天都盯著自己的保險箱悶悶不樂，神看見了就問他：「你為什麼不高興呢？」

他回答：「我覺得我的財產還不夠多。」

於是，神馬上點石成金給了他更多的黃金。

過了幾天，神看到守財奴還是悶悶不樂，就問：「我已經滿足了你的要求，你為什麼還不高興呢？」

他回答：「我覺得生活沒有刺激。」於是神給了他刺激。

過了幾天，神見守財奴依然悶悶不樂，問：「你為什麼還不高興呢？」

他回答：「我沒有快樂。」神又給了他快樂。

過了幾天，神見到守財奴依舊悶悶不樂，問：「你怎麼還不高興？」

他回答：「因為我沒有成就感。」神又給了他成就感。

過了幾天，神看到守財奴還是不開心，就問：「你為什麼仍然不高興呢？」

他回答：「因為我沒有愛。」神又讓他有了愛。

過了幾天，神看到他還是一副垂頭喪氣不高興的樣子，就對他說：「把你擁有的這些東西送給別人吧。」

又過了幾天，神再看到他時，發現他果然一無所有了，但臉上卻流露出難得的滿足和幸福，就問他：「你為什麼這麼高興？」

這個人興奮地回答說：「我把金子給了窮人，把刺激給了麻木的人，把快樂給了痛苦的人，把成就給了失敗的人，把愛給了缺少愛的人……儘管我付出了我的全部，自己什麼也沒有了，但我卻感到非常幸福。原來，付出比索取更能令人幸福！」

人生最美麗的補償之一，就是在真誠幫助別人之後，也幫助了自己。

真誠地伸出你的手去援助別人，不僅不會讓你受到什麼損失，還會使你在幫助別人的過程中獲得最真摯的幸福。

當我們感覺被人需要時，我們同時也會感到幸福和自信。

懂得分享的人，最富有

佛陀說：「積善因，得善報。」付出就是在積善因，而這些善因就是一粒粒幸福的種子，認真培育，就能長出一朵朵幸福的花，在芬芳了別人的同時，也陶醉了自己。

學會付出，便能擁有幸福。當你敞開心胸、樂於付出的時候，快樂、喜悅和收穫便會進入你的內心。這時，你便能體會到真正的幸福！

幸福便利貼

The Pursuit of Happiness

真正幸福的人生，不在於你擁有多少，而在於你付出多少。

日本作家池田大作說：「只有那些不僅為了自己的幸福，也能為他人的幸福而出力的人，才能得到真正的幸福。」

在人生的道路上，我們都會遇到困難和挫折。但你是否知道，在前進的路途上，如果自己多付出一些，搬開別人腳下的絆腳石，有時恰恰是在為自己的幸福之路鋪路搭橋？

被人需要是一種幸福

一個人被別人需要，就意味著責任和付出。雖然被人需要的時候，自己可能更辛苦，擁有憂愁和痛苦，但同時你也會體驗到充實、快樂，甚至是被尊重、被信賴的感覺，更會體驗到一種不可多得的幸福。

現在社會的節奏如此的快，讓大家的生活壓力也更大，原本幸福的負荷，也成為許多人抱怨的理由。

然而，我們不妨換個角度想想：工作繁忙是因為有人需要你，有人依賴你，有值得你為他們付出的人。

為了他們，你的每一份付出都值得而充實，都有意義和價值。如果你將肩上的擔子全部卸下，從此不再有人需要你，那麼你的生活不就失去了一些意義了嗎？

所以，被人需要雖然會讓我們感到辛苦，但在滿足別人的同時，我們自己存在的價值也得到了證明和昇華。

俄羅斯作家高爾基（Maxim Gorky）曾說過：「感到自己是人們所需要的和親近的

在滿足別人的同時，我們自己存在的價值也得到了證明和昇華。

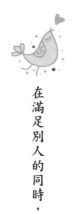

人，這是生活最大的享受，最高的喜悅。這是真理，不要忘記這個真理，它會給你們無限的幸福。」

當你不再被需要時，更寂寞

一個男人三十多歲時，妻子得重病去世了，扔下了一個八歲的兒子。男人為了兒子一直未再婚。他將自己的全部精力都用在照顧兒子身上，兒子也很爭氣，考入最好的學校，成績也非常好。

幾年後，男人的事業如日中天，當上了企業家。

不幸的是，兒子考大學那年卻遭遇車禍，讓他又一次失去了心愛的兒子。

男人痛苦至極，每天孤零零一個人面對著雪白的牆壁發呆，這世界上，他再也沒有一個可以牽掛的人，也再沒有一個人值得他牽掛。

男人越想越痛苦，越想越絕望。他拿著兩袋啤酒來到河邊，準備喝完了就投河自殺，結束自己的孤獨和痛苦。

一袋啤酒喝完後，他順手就把易開罐扔到了一邊，這時已是晚上八點多了。忽然他發現不遠處有個衣衫襤褸的老太太急急忙忙走過來，撿起他扔掉的易開罐，放入手中的袋子裡，原來是個拾荒老人。

男人忍不住問：「老太太，您為什麼這麼晚了，還出來撿垃圾呢？」

老太太歎了口氣說：「我是個孤單的老太婆，卻有個七歲的小孫子需要我照顧。」

男人忽然很感動，他想，我從小沒有父母，現在又沒了親人，為什麼不能像兒子一樣照顧這個老人和她的小孫子呢？

想著，他站起來扶住老人說：「老太太，我從小失去父母，現在也無依無靠的。如果你們不嫌棄，能不能給我機會照顧你們的生活？」

從此，男人就搬去與老人和七歲的男孩一起生活。後來，老人告訴他，那個男孩是她在撿破爛時撿到的棄嬰。

就這樣，三個沒有血緣關係的人組成了一個家庭，也和樂融融地生活著。

從此，男人每天回家下班後，會先喊一聲：「媽，我回來了！」老太太也會每天準備好一道道熱騰騰的晚餐給他吃。

因為他的援助才能上學的小男孩，常常拿著一百分的考卷，嘴裡喊著：「爸爸！我又得了滿分！」

男人抱起孩子，高興地說：「我兒子真棒！」一家人從此過著幸福快樂的生活。

幸福是什麼？幸福不是擁有多少金錢，不是獲得什麼高尚的職位，而是簡單地為他人付出、被別人所需要。

當我們感到自己被人需要、被人依賴和被人尊重時，我們的內心也會感到更充實，人生的價值也得到了實現，幸福的感覺也會時刻圍繞著我們。

被人需要，至少說明我們活得有價值。如果一個人被大家感覺多也不多、少也不少，才會是生命中最可悲的事情。

所以，別再吝惜你的付出，別再對身上看似沉重的負擔抱怨連連，這些甜蜜的負荷就是幫助你前進的一大精神動力。

人生與商業一樣，也有盈利和虧損，衡量的標準就是你是否獲得了幸福。

幸福便利貼

The Pursuit of Happiness

美國人本主義心理學家馬斯洛（Abraham Maslow）提出的心理需求層級理論認為，人的需要分為生理需要、安全需要、物質需要、精神需要、歸屬需要、愛和尊重的需要以及自我實現的需要等幾個層次，能滿足這些需要，人就會感到幸福。

其中，自我實現是最高層次的需要，它能使人的潛能得以充分發揮，讓人感到自己活得有價值，而被人需要，恰恰就滿足了人的這種高層次的心理需要。

就像是一個人被孩子需要，意味著他有責任照顧孩子；被情人需要，意味著他正被對方所深愛著；被父母需要，意味著他有能力讓父母享受天倫之樂；被朋友需要，意味著他能夠為朋友分擔憂愁；被主管需要，意味著他有工作的能力；被屬下需要，意味著他可以為他們解決問題。

這個世界處處都需要我們，只要我們願意真心付出，就可以從被別人需要的過程中感受到幸福。

用幸福標準衡量人生的得失

《幸福的方法》的作者泰勒．本．沙哈爾（Tal Ben-Shahar）認為：「幸福感」是衡量人生的唯一標準，也是所有人生奮鬥目標的最終目標。

泰勒認為，衡量商業成就的標準是金錢，需要會計師用數字去評估公司資產和債務、利潤和虧損，所有非資產的條件都不會被考慮，而衡量人生的標準既不是金錢，也不是權利，而是幸福。

如果你擁有幸福，就證明你的人生是獲利的、是富足的；相反地，你的人生就是虧損的。

更具體地說，就是在看待生命時，可以把負面情緒當作支出，把正面情緒當作收入。當正面情緒多於負面情緒時，我們在幸福這種「至高的財富」上就獲利了。

雖然大多數人覺得：人類的行為大多為利益所驅動，這些利益包括財富、權勢、地位、名譽等。這或許可以涵蓋人類大部分行為的目的，卻仍不夠全面，例如一些義工、捐款、助人為樂的行為，就不是用金錢的收支可以衡量的。

二〇一〇美國《時代》雜誌最具影響力的百大人物之一——台灣阿嬤陳樹菊女士，她從十三歲就開始在台東擺攤賣菜，一天工作十九個小時，只吃一餐，生活費一百元，唯一的娛樂是聽佛經。

長期操勞下，她的手指沒有指紋，一雙腳也嚴重變形。

四十七年前，家中因繳不出五千元的保證金，她的媽媽在醫院難產過世。

她從此女代母職，放棄學業、婚姻，但兩個弟弟卻又驟逝，讓她萬分錐心。

她自己走過貧窮的痛，她希望沒有人會再嚐到，所以賣菜四十八年來，她捐款千萬。她自己是如此的刻苦，但對幫助別人卻那麼的慷慨。

表面看來，老人似乎吃虧了，因為辛苦了一輩子，最後也沒什麼積蓄，賺的錢都給別人用了；但事實上，老人卻賺得了很大的利潤，那就是無私付出之後收獲的人生幸福。

學問之父亞里斯多德（Aristotle）曾說過：「幸福才是人類的終極目的。」

財富、成功、權勢，都不等於幸福和快樂，都只是獲得幸福和快樂的手段而已。除了利益，人類的追求目標可以有更高層次的內容，比如實現自我人生價值等。不論是利

當我們盡自己所能成人之美時，我們就是在幫助自己。

用金錢還是權勢為他人付出，幫助他人，都讓我們證明了自己的價值，都可以讓我們收穫到快樂和幸福。這樣的人生，才是獲利的人生。

助人為快樂之本

有個孩子與老師一起到田間散步，在路邊看到了一雙舊鞋子，應該是附近在田間勞動農夫的鞋子。

孩子就對老師說：「我們來惡作劇吧！把他的鞋子藏起來，然後躲到樹叢後面，看他找不到鞋子是什麼表情？」

老師說：「我們不要把自己的快樂建立在別人的痛苦上。但你可以透過別人給自己帶來更多的快樂。你在鞋子裡放進錢吧，然後我們躲起來看看他發現這些錢後的反應。」

學生照做了，然後兩人躲到旁邊的樹叢裡。

一會兒，農夫工作完回到了他放衣服和鞋子的路邊。他一邊穿衣服，一邊把腳伸進鞋子裡，他感覺鞋子裡有個東西，就彎下腰去摸了一下，竟然發現了錢，農夫的臉上立刻充滿了驚訝與疑惑。

他拿著錢看看，又看看四周，沒有發現任何人，於是把錢放進了自己的口袋，又繼續穿另一隻鞋子，又一次驚喜地發現了另一張錢。這時，農夫激動地仰望天空，大聲地表達自己感激之情。

農夫感謝那來自未知的及時救助，因為這份救助惠及了他生病的妻子，以及沒有麵包吃的孩子。

老師問孩子：「現在，你感覺哪種方式更有趣呢？」

孩子回答說：我感覺到了以前我不能理解的一句話：「付出比索取更能讓人快樂。」

故事中的孩子把自己的錢給了農夫，看起來也像是吃虧了。但他卻因此體會到了付出和幫助別人的快樂，從別人的滿足中獲得了幸福感。這樣看來，他不但沒有虧損，還賺到了巨大的利潤——幸福。

因為在幫助別人的過程中，我們得到了比索取還重要的東西：那份幫助別人快樂、看著別人喜悅的感覺。

在幫助別人的過程中，我們得到了比索取更重要的東西。

當我們盡自己所能，達到成人之美時，我們就是在幫助自己。因為接受幫助的人獲得了幸福，我們也會感受到一種溫情。

所以，任何一件很小的事情，只要付出真誠的心去幫助他人，就能將它轉化為我們人生的「巨大財富」，而我們也必將從這種「財富」中受益無窮。

✦ 幸福便利貼 ✦

The Pursuit of Happiness

人生應該要追求什麼樣的目標呢？不同的人可能有不同的看法，比如有的人想要追求財富，有的人想要追求權勢，有的人想要追求為別人奉獻。但不論哪一種追求，其最終的目標都是為了讓自己感到幸福，這也是自古以來深受大家認同的人生終極目標。

有位作家曾說過：「為自己找到幸福最有保障的方法，就是向別人奉獻你的精力，努力使他人獲得快樂。幸福是捉摸不定的事物。如果你決心去追尋幸福，你將會發現它難以捉摸；如果你把幸福帶給其他人，那麼幸福自然就會顯現。」

這在告訴我們：為別人付出，幫助別人，看似自己沒有得到什麼，但實際上卻是在為你的人生付出，因為你從中收獲了幸福。

人生最大的障礙和敵人就是自己

我們的人生目標都是追求幸福，而我們也都具備追求幸福的能力。但在追求幸福的過程中，很多人卻會遭遇到內心的障礙。

什麼樣的障礙呢？

就是覺得自己難以獲得幸福，或者覺得獲得幸福的能力不夠。

比如，有些人明知道自己很孤獨，卻不肯用心尋找一個伴侶；有些人明明覺得目前的生活很沉重，卻不肯想辦法去改變；有些人明知道現在的工作不能讓自己有更好的發展，卻依然每天照常去上班。

之所以會這樣，是因為這些人覺得自己沒有獲得幸福的能力，或認為即使自己做出改變了，也難以獲得幸福。因此他們寧願痛苦地繼續現在的生活，也不願意做出獲取幸福的嘗試。這類人常常患得患失，害怕得到後的失去，結果只能白白錯過幸福。

其實，每個人生來都有獲得幸福的權利，我們要學會接納這種權利，放開一些桎梏的思想，相信自己。

拒絕做出嘗試和改變，只會讓我們看不到幸福的顏色。

如果我們不能接受自己，就會常常想：「我可以找到一個愛我的人，但他會不會離開我？與其承受那種痛苦，我寧願像現在這樣。」

「我知道換一份工作可能更有希望，可是我會不會再厭倦呢？」

拒絕做出任何嘗試和改變，只會讓我們一直處於這種糾結的生活當中，看不到幸福的顏色。

跨出思想的牢籠

當我們真的把自己從無法獲得幸福的念頭中解脫出來後，會發現很多原先的困難和改變，現在看來也不過是一些雞毛蒜皮的小事；很多指責曾經讓人感覺窒息，現在卻只覺得十分可笑；很多當時令人痛苦萬分的事，現在也只是茶餘飯後的話題罷了。

不都過去了嗎？再痛苦、再不幸也只是一個過程，把眼睛看遠一些，把心靈放大一些，不要讓那些不快停留在我們眼前和心中，幸福自然也會光臨。

有一位苦惱的年輕人背著一個大包裹去尋找幸福，經歷了無數挫折和坎坷之後，他來到了一條波濤洶湧的大河前面。

這條河上沒有橋，只有一位老人駕著獨木舟在河裡搖盪。

老人看到年輕人，就問他要去哪裡？年輕人告訴老人，自己要去尋找幸福。

老人看了看年輕人，對他說：「那你把這個包裹丟到河裡，然後再去尋找。」

「那怎麼行？這包裹裡裝著我一路經歷的孤獨、寂寞、痛苦和淚水，我就是靠著它們的陪伴才走到了今天。」年輕人大聲說。

老人不再說話，只是在載年輕人過河之後，要求年輕人也將自己裝入他的包裹中。

「你說什麼？」年輕人幾乎不敢相信自己的耳朵。

老人說：「是的，你既然什麼都不放下，那我也幫你渡過了這條大河，你應該也把我裝進去。」

年輕人恍然大悟，立即將自己裝滿痛苦回憶的包裹丟入了河水中，頓時感到步履無比輕鬆。原來，這就是自己一直在尋找的頓悟的幸福呀！

既然扔掉包袱、釋放自己就可以獲得幸福，我們為什麼不試試呢？

有時候，我們覺得做出一個決定是很冒險的，但實際上只要你肯付出努力，就一定會有所收穫。即使那個結果不是你期望的幸福，但當我們自信地接納自己，勇敢地為獲

有些人寧願痛苦地繼續現在的生活，也不願意做出獲取幸福的嘗試。

取幸福而付出時，這本身就已經是一種快樂了。

我們不必覺得自己不行，或認為自己沒有能力獲得幸福，而要問問自己：我為什麼不能？

是的，你可以的。你完全可以像其他人一樣去追求幸福，並獲得幸福。剔除內心的那些阻礙幸福到來的障礙，勇敢地為獲得幸福而付出吧，你一定可以從中有所獲益。

幸福便利貼

The Pursuit of Happiness

如果我們認為自己沒有資格追求幸福，那麼我們追求幸福的能力也會減弱。

的確，有時候我們不夠完美、不夠優秀，覺得要等到這樣或那樣的期許被滿足後，我們才可以如何如何。事實上，生活本身就不是完美的，也不會按照我們的期望發展。

既然如此，我們就要學著相信自己，接納自己，改變自己，在適應生活的過程中尋找更好的自己。

別拿幸福換不幸

社會上有四種人：一種人是總覺得別人都欠自己，只想著索取。所以當別人無法滿足他的要求時，他就會覺得自己過的一點都不幸福。

第二種人是一直向別人索取，卻不懂得回報別人，但又總覺得自己欠別人什麼，所以也覺得自己過的不幸福。

第三種人在向別人付出時，總想著別人會回報他，而別人沒有回報他時，就會覺得別人都對不起他，所以也覺得自己過的不幸福。

第四種人是在向別人付出時，從不想得到什麼。當別人不能給予他回報時，他也覺得無所謂；而當別人給予他一點點回報時，他會想：付出真好呀，還能得到回報，所以他過得很幸福。

第四種人是一個知足的人，因為懂得向滿足妥協，所以不時就會感到真正的快樂，覺得自己很幸福。

付出本來就是一種能夠獲得內心幸福和平靜的行為。然而，如果付出的目的是為了

授人玫瑰，手留餘香。

獲得回報，那麼當你沒有得到回報，或得到的回報很少時，你就會感到苦惱和不平。
本來能帶來幸福的付出，反而成了帶來苦惱的不幸了。

堅持只送不賣的饅頭

有個饅頭店的老闆，每天蒸一百二十個饅頭，一天最多賣一百個，剩下的二十個用來接濟貧苦的老人和孩子。

生意好時，饅頭往往剛一出籠就被顧客一搶而光，就有人勸他把那些留下來的饅頭都先賣給他。

不過，無論顧客如何要求，老闆就是不肯將那二十個饅頭賣掉，只有當他用夾子把熱呼呼的大饅頭送給老人和孩子的時候，黝黑的臉上便會綻放出難得一見的明亮光彩。

授人玫瑰，手留餘香。得到回報固然是一種幸福，但像饅頭店的老闆一樣，默默付出又何嘗不是幸福呢？

在一個寒冷的傍晚，湯姆獨自開車行經回家的路上，他已經失業兩個月了，現在在工廠當臨時工。

忽然湯姆發現，前方似乎有人的車壞了。湯姆仔細一看，是一位開著賓士車的老太太。湯姆想，如果沒有他的幫助，老太太也許要在這裡過夜。

於是，湯姆下了車，檢查一下老太太的車，發現她的輪胎被刺破了，只換上備胎就可以了。儘管天氣冷得讓人連手都不想伸出來，但湯姆還是幫老太太換好了備胎。

老太太很感謝他，她想給湯姆一些謝禮，但湯姆不願意收，他覺得當別人遇到困難時伸出援手是應該的，這與錢無關。

湯姆執意不要老太太的錢，只是說：「如果您真想要報答我的話，那麼下次您看到需要幫助的人，幫助他就好了。」

老太太看他很堅持也不再說什麼，就開車走了。

到一個小鎮後，老太太忽然想到自己還沒吃晚飯，於是把車停到路邊一家小咖啡館

得到回報固然是一種幸福，但默默付出又何嘗不是幸福呢？

前。咖啡館的設施很差，只有一個挺著大肚子的女人在昏暗的燈光下招待她。

老太太看到這個女人生活困苦，這麼晚還要做生意，就想起了湯姆。

臨走前，老太太桌上放了一張字條：「我想你一定很需要幫助，我也曾經像你一樣，只是我得到了好心人的幫助，現在就讓我把這份愛心傳遞下去吧！」並在一側的杯子下，壓著四百元英鎊。

女人正拿著錢發呆，遠處出現了丈夫湯姆在風雪中疲憊歸來的身影。

當我們認為一件事值得去做時，就直接去做，不必考慮這是否會有回報，只有要認為這是值得你去做的事，才是最重要的。

湯姆不求回報地幫助一個富有的老太太，而老太太之後幫助的女人，恰好又是湯姆的妻子，世間上的事情就是如此巧合！當你費盡心機卻毫無收穫時，也許一次意外善舉就能帶給你久違的幸福。

付出總有回報，畢竟這只是一句美麗動人的歌詞，現實生活中，付出與回報之間往往是難以劃上等號的。

有時我們付出很多，回報卻很少，甚至沒有；有時付出少，卻可能獲得很多的回報。經歷多了，人心也因此容易失衡，積深怨念，這時，我們應該放寬心胸，不要過分計較得失，否則就可能衍生出更多煩惱。

其實，種瓜得瓜，固然很好；但種瓜得豆，我們也要欣然接受。

付出不是投資，不是期貨，所以不要渴望得到回報。因為當你付出時，你就已經得到了自己內心的回報。

幸福便利貼

The Pursuit of Happiness

幸福，有時總是裹著不幸的外衣，從我們抱怨的時候，悄悄離開。

當你在罵吵鬧的孩子時，他們對你的愛也正在漸漸流失；當你對最愛的人說出最傷人的那句話，等於已經替你們的感情先預告了終點；當你抱怨工作時間太長的同時，就失去了學習提升效率和把握熟能生巧的機會。

所以，下次當你再遇見了不幸的時刻，試著用耐性與理性撕開它的外衣：當孩子吵鬧時，試著和他們談同理心；與情人吵架時，用擁抱代替言語上的攻擊；當你覺得工作太累時，深呼吸十次，汰換掉負面的壓力，用正面的態度學習解決事情的能力，當你願意嘗試，就能看見其中尚未被發掘的幸福，有多麼耀眼，原來所有的不幸都在等我們將它們轉為幸福，端看你有沒有用心和努力。

Imperfection Helps You Earn the True Happiness in Life.

「這世間不缺乏美，而是缺少發現美的眼睛。」

法國雕塑大師 **羅丹**（*Auguste Rodin*）

Chapter 4

幸福紓壓，走出牛角尖

你的壓力有多沉重？

幸福顯微鏡

1. 你是否經常感到心情很煩悶？

Ⓐ．經常。
Ⓑ．普通。
Ⓒ．偶爾。

2. 你是否經常會一個人自言自語？

Ⓐ．經常。
Ⓑ．偶爾。
Ⓒ．不太會。

3. 心情不好的時候，你是否會到外面散散心？

Ⓐ．會。
Ⓑ．偶爾會。
Ⓒ．幾乎不會。

4. 你是否曾動過自殺的念頭？

Ⓐ．經常。
Ⓑ．偶爾。
Ⓒ．不會。

5. 你會不會覺得電視上的綜藝節目越來越無聊？

Ⓐ．很無聊。
Ⓑ．有些很無聊。
C．都很有趣。

6. 有時候，即使到了度假勝地，你依然沒有很開心的感覺？

Ⓐ．不會。
Ⓑ．還好，有時會很開心。
Ⓒ．幾乎都開心不起來。

7. 你的心中有沒有一些極度厭惡的人？

Ⓐ．兩個以內。
Ⓑ．三到五個以內。
Ⓒ．超過五個。

8. 你是否常常覺得自己很懶，身體虛弱無力，可是到醫院又檢查不出毛病？

Ⓐ．常常會這樣。
Ⓑ．有時會比較沒幹勁。
Ⓒ．不太會，常常都充滿活力。

9. 在路上遇到喜歡橫衝直撞、不守交通規則的駕駛，你會有怎樣的反應？

Ⓐ．真想斃了那些人渣。
Ⓑ．為什麼我這麼倒楣？
Ⓒ．太會塞車了，以後我盡量不開車出門。

10. 你是否會覺得每天做同樣的事（例如上班、上課）是一件很讓人厭煩的事？

Ⓐ．實在很煩。
Ⓑ．不太會，一樣能找到樂趣。
Ⓒ．和想做的事衝突時，才會覺得煩。

11. 你最討厭下面哪種類型的人？

Ⓐ．個性自私自利、小氣摳門的人。
Ⓑ．喜歡誇大其實、一事無成的人。
Ⓒ．總是固執己見、不知變通的人。

12. 你覺得自己是不是很容易陷入感情或友情的困擾之中？

Ⓐ．很容易，常常會這樣。
Ⓑ．偶爾會，但平常感情還不錯。
Ⓒ．不太會，感情一直都很好。

計分標準

6	5	4	3	2	1	計分欄
1	5	5	1	5	5	A
3	3	3	3	3	3	B
5	1	1	5	1	1	C
12	**11**	**10**	**9**	**8**	**7**	**計分欄**
5	5	5	5	5	1	A
3	1	1	3	3	3	B
1	3	3	1	1	5	C

你的壓力有多沉重？

結果分析

得分少於20分：壓力指數為30％

你的思考比較積極、正面，個性也較大而化之，所以就算生氣也會馬上就反應出來，並且能夠很快就發洩掉，不會在心底積壓太久。

所以相形之下，你的壓力排解管道很順暢，也比較不容易累積負面的情緒。稍有壓力時，只要聽一些比較輕快的音樂，很快就能恢復你爽朗、樂觀的一面。

得分為20～30分：壓力指數為50％

你本身屬於比較理性、理智的人，所以遇到個性拙劣、蠻橫不講理的人，或不合理的周遭事物時，你會很難以忍受，甚至心情上也會受到很大的影響。另外，遲遲無法完成的任務也會讓你煩悶。

通常只要換個環境，例如去郊遊、購物等，你的情緒自然而然就會平靜下來，壓力也會逐漸獲得釋放。

得分為30～40分：壓力指數為70％

你屬於比較保守含蓄的人，也不喜歡得罪人，遇到不滿或不愉快的事情通常都會忍下來，任由淚水往肚裡吞，沒有適當的發洩管道。

久而久之，你的壓力就會累積在心裡，很容易讓你覺得做什麼都很不順。

不妨定時做點運動，例如爬山、到健身房健身等，都是宣洩壓力的改善方法。

得分超過40分：壓力指數為85％以上

你很敏感，因此情緒很容易緊張，也很在意他人對你的看法，常常會為了迎合他人，而強迫自己做一些不喜歡做的事。

日積月累下，你就會替自己帶來莫大的壓力，因此你也屬於憂鬱症的高危險群。下次如果再鑽牛角尖，試著尋求心理醫生來為你排除、解決一下壓力吧！

化繁為簡，把時間放大

現代人通常都將自己的生活弄得過於複雜，甚至很多人會偏離正確的方法捨近求遠。結果就常常抱怨每天的時間不夠用，總有忙不完的工作、做不完的事情。超負荷地忙碌，再加上每天面臨的壓力，讓生活變得越來越不快樂。

等到奔波名利的心力交瘁時，我們才漸漸感到已被生活拋棄。猛然回首才發現：一直尋覓的生活其實就在伸手可及的地方，當我們試圖飛回去時，卻又無法放棄眼前的利益，於是只能永遠生活在這樣的悲哀中。

的確，生活是艱辛的。但如果我們能簡單地對待生活，依輕重緩急選擇事情進行的順序，讓自己的時間寬裕一些，讓我們在忙碌的同時，同樣有休息的時間可以喘口氣，可以舒展筋骨，或許生活並不如想像中艱難。

哈佛大學的心理學家經過研究後證明：時間上的富裕，要比物質上的富裕更能為人帶來幸福。

所謂時間上的富裕，就是讓人們有更多的時間去追求對人生更有意義的事，有更多的時間去思考，去享受快樂。

相反地，如果我們每天的時間都被安排得滿滿的，我們就會經常感到壓力過大，根本沒有心情去思考如何享受生活、享受幸福。

學會簡化，把心理的空間變大

愛因斯坦（Albert Einstein）說過：「每件事情都應該遵循簡單化原則。」

如果我們能夠分清楚什麼對我們而言是最重要的，什麼是次要的，什麼事根本不需要的……，就能夠決定哪些事該做，還是純粹是在用「過高的期望」擾亂自己的生活，那麼我們就能學會將多餘的包袱剔除到生活之外。

沒有多餘的包袱，心理就會輕鬆很多。在火車和飛機上，額外的行李會浪費運費；而在生命這條旅途上，額外的重負所花費的遠遠不只是金錢，還有我們的時間和精力。在最壞的情況下，最後甚至會傷害到我們的心智；在最好的情況下，我們也將難以成功地達到目標和計畫。有時候，少做一些無足輕重的事，並不會使我們擁有的變少，相反，還可能為我們帶來更多。

時間上的富裕，要比物質上的富裕更能為人帶來幸福。

太平天國初期，天王洪秀全與楊秀清、石達開等人共同打下了半壁江山。可惜的是，這麼大的偉業，短時間內，說垮就垮。

太平天國起義失敗的原因很多，其中一個很重要的原因就是洪秀全的封王制度。洪秀全在南京建立政權後，開始濫封王位，只要稍有功績，就封王加賞，結果封王人數竟然達到了兩千七百多人。

最關鍵的是，這些多如牛毛的封王都擁兵自重，各自為政，其戰鬥力遠遠不及當初幾個帶頭打仗的人，嚴重削弱了太平天國的戰鬥力，最終落得失敗的下場。

這無疑是在搬石頭砸自己的腳，打仗時的軍隊就已經難以管理，卻又製造更紛雜的人事問題，為了這些封王的頭銜，還需賜給他們更多的領地與王府，隨心所致，分不清輕重緩急，最後就敗掉了整個江山。

辛苦打下的江山，還不曾享用，就因封王太多被葬送了，可惜可歎！

讓生活簡單一些，放掉那些並不是真正對你有意義的事，創造自己生活的品質，才能愉快的過每一天。

經常問問自己：我的生活是不是太複雜了？我可以簡化哪些部分？哪些事是可以不

去做的？

學會經常清理自己的生活，減少多餘的忙碌。在有意義的、能帶給你快樂的事情上，不妨多傾注心力，如果想成為生活的鑒賞家，就必須放下那些拖垮你心靈的多餘需求。

幸福便利貼

The Pursuit of Happiness

生活就像在吃世界上最美味的食物，無論多麼「好吃」，吃得太多或太快，都會消化不良。

在西方，很多人一年要花費三分之一的時間和收入隨心所欲地安排休閒與娛樂。而我們卻常常為生活中的瑣事所累。之所以感到累，小部分是源於生存感，大部分則源於比較。我們或許左右不了生命舞臺，但我們能夠調整心態。

懂得選擇事情的比重，再加以執行，就可以讓生活變得簡單。

試著多做自己喜歡的事情，不再以金錢的多少和事業的成功與否來衡量生活的品質。

已故的作家三毛也曾經說過：「需要最少的，可能就是最富有的人。」

盡力就好，不用事事要求盡善盡美

「隨遇而安」出自清朝劉獻廷的《廣陽雜記》：「隨遇而安，斯真隱也。」意思是說，不論生活中遇到什麼困境，都能夠安然自得，感到滿足。

在為生活努力的過程中，我們也會因忙碌而充實，因有確定的目標而感到有希望。但是，有時努力的結果，也許不是我們渴望的幸福；而且，也可能會失敗。這個時候，我們該如何面對？

其實，想活得幸福，我們需要努力追求目標，但是，我們同樣需要一種隨遇而安的心態，不必太看重得失。

有很多事情，即使我們做了最大的努力，也可能依然於事無補。這時，我們不要悲觀、氣餒，而要學會在努力的過程中提升自己。

佛家講究因果報應，儒家主張中庸處世，道家強調清靜無為。

三者的觀點看似毫無關聯，但細細品味，三者的教義中其實都隱含了「隨遇而安」的觀念。

掌控難，放手更難

曾有人做過這樣一個實驗：在一個上窄下寬的瓶口裡放了很多米，而細細的瓶頸卻只能容納猴子伸進一隻爪子。

但是，只要猴子抓住一把米，握了拳頭，爪子就拔不出來了。

如果這時猴子能看開一些，把米放下來，爪子還是可以自由的。可惜，沒有一隻猴子願意這麼做，就一直把自己困在那裡。

想想有多少人，手裡也一直抓著一把米不肯放下，因此連累了一生的從容和幸福。這其中，也包括我們自己。

今天，當我們面臨一些重大的抉擇時，也會有很多失誤。很多時候，並不是因為我們打不過對手，而是因為打不過自己。

水在流淌時，是不會刻意選擇道路的；樹在風中搖擺時，也是自由自在的。它們都懂得隨遇而安的道理，因此它們更容易獲得快樂。

很多時候，並不是因為我們打不過對方，而是因為我們打不過自己。

得與失，只在一念之間

有個鄉下人到都市工作，每個月的收入只有五千元，生活很拮据。可是，他卻活得怡然自得，他經常向同事說：「總有一天，我會在這個城市裡買一棟大房子。」

一天，他買了一張彩券，結果果然中了一千萬元的大獎，他馬上就把這一千萬拿去繳頭期款，在一個漂亮的社區中買了一棟房子。

但意外的是，這竟然是一個黑心建商的工程，還沒搬進去，房子就倒了，房地產老闆也跑路了。

一千萬的大獎，瞬間就化為烏有。

同事擔心這個鄉下人想不開，紛紛去安慰他。可是他卻一點都不難過，依然每天笑呵呵的。

同事就問他為什麼不傷心，他說：「我為什麼要傷心呢？難道你們會因為丟了五十塊就傷心不已嗎？」

「當然不會！」同伴們回答。

「那就好啦！我從頭到尾也不過就是賠了一張彩券而已，我的房子本來就是用五十塊換來的呀！」

生命應該有所堅持，而生活，卻可以隨遇而安。我們有幸來到這個世界，在有限的生命中可以學習很多、經歷很多。漸漸我們會發現，決定人生幸福與否的，不是我們的能力，不是我們擁有多少，而是我們的心態。

在追求幸福的過程中，既要努力積極爭取，也要隨遇而安、知足常樂。只要我們能腳踏實地做事，即使收穫很少，我們也同樣可以享受到生活帶來的愉悅，也能擁有「得魚固可喜，無魚亦欣然」的心態！

人生載不動太多的煩惱，唯有內心坦然，才能舒適快樂。

如果我們能時刻保持一個淡然的心態，坐看雲起雲落、花開花謝，一任滄桑，就能夠獲得一份雲水悠悠的好心境。

做平常事，做平凡人，保持平靜的心態，擁有平衡的心理，如果能以這樣的心境來對待生活的每一天，那麼每一天我們的內心都會充滿陽光和著希望。

當然，隨遇而安不是消極等待，也不是聽從命運的擺佈，準確地說，隨遇而安是尋

決定人生幸福與否的，不是看我們能擁有多少，而是我們的心態。

求生命的平衡。誰能達到這種境界，誰就能在生存之中，獲得心靈的自由。

✦ 幸福便利貼 ✦

The Pursuit of Happiness

我們需要從奮鬥的過程驗證人生的價值，但是，也要學會隨遇而安地面對生活中的種種境遇。

林清玄曾說：快樂活在當下，盡心就是完美。這其實就是一種睿智之人的生活哲學。人要活得快樂，就要學會隨遇而安，保持一顆樂觀的心。

懂得隨遇而安地面對生活，我們便可領悟到那種「等世事化雲煙，待滄海便桑田」的境界，一切事態變遷，一切利害得失，我們都可以泰然處之。

拋棄了人生中的大喜大悲，幸福就將如同一股涓涓細流注入我們的心田，源源不絕。

勇敢吞下生命的惡魔果實

事物的本質，都含有矛盾的面向。世界上，既不存在絕對的好事，也不存在絕對的壞事。在同一件事中，本身就可能包含著好事，也包含著壞事，關鍵只在於處理事情的人的心態。

在人生當中，好壞、得失都是相對的。因此，對於事情好的方面，我們要努力珍惜；而對於壞的方面，我們也不要感到太遺憾。

一位哲人曾說：「人生好比刺繡，要看正面，也要看背面。」

有時，當我們換個角度去看待一件壞事時，它也許可以成為一件好事，我們被桎梏的心靈也會因此而豁然開朗。

所以，當我們感到不夠幸福時，千萬不要只看生活的負面。有時候，失敗和挫折也是一種人生體驗，唯有透過了層層的體驗，你才能看到幸福的果實。

我們要學會高興地接受生活中光明的一面，也要勇敢地面對生活中黑暗的一面。只有多元化地看待人生，才不會被生活的各種現象所迷惑。要相信，人生的許多美麗都是

人生好比刺繡，要看正面，也要看背面。

由許多的不美麗所促成的。

換位思考，人生就只有正向累積

《圍城》中有一個有趣的故事：天下有兩種人。當他們分別拿到相同的一串葡萄後，第一種人總是先挑最好的吃，另一種人卻總是將最好的放在後面吃。但是，兩種人卻都無法感到快樂。

因為第一種人認為，自己吃的葡萄一個比一個差；而第二種人則覺得自己吃的每一顆葡萄，都是剩下來最壞的。

為什麼不能換個角度面對問題呢？

如果第一種人能這樣想：我每一次吃到的都是最好的葡萄；另一種人可以這樣想：我剩下的葡萄與以前的相比，都是最好的。如果都能這樣思考問題，每個人的每一次都是一個美好希望的開始，這樣不是更容易感到快樂嗎？

凡事沒有絕對的好與壞，如果能以不同的心態對待，感受也會不同，說不定還能有意外驚喜呢！不同的心態，又會決定不同的人生觀。

積極的人生觀，會讓我們從充滿壓力和消極的生活中找到積極的一面，而讓自己快樂起來。

從前，印度有一個非常聰明的丞相。但每次國王向他詢問國家大事時，他都不假思索地說：「好。」。國王以為他不用心，覺得很生氣，就想找個理由治治丞相的毛病。

有一天，國王打獵時不小心被獵刀割斷了一截拇指，他問丞相：「我的拇指被斬斷好不好？」

丞相不假思索的說：「好！」

這個回答令國王更加生氣，他將丞相關了起來，並問丞相：「現在你被關在牢裡了，好不好？」

丞相依然毫不猶豫的回答：「好！」

幾天後，國王又出去打獵，但他不想釋放丞相，只好一個人單獨出發了。

沒有丞相的幫助，國王很快迷了路，並被一個食人族部落抓走了。

正當食人族的幾名野人準備將國王烤了吃掉之際，卻發現國王的手指斷了一截，只好將他放了。原來，這個族人只吃完整的動物，他們發現國王斷了一根手指頭，是個不

每件事都有它的兩面性，好和壞都不是絕對的。

祥之物，所以只能放了他。

國王撿了一條命，非常激動，回去馬上去監牢裡看望丞相，說：「現在我明白了你為什麼說我斷指是好事了，它救回了我一條命！」

稍後，國王又問丞相：「把你關在牢裡十多天，好不好呢？」

丞相還是回答：「當然好。陛下，如果您不抓我進監牢，我一定隨從您去打獵，也一定會一起被抓。您因為斷指而保全了性命，但我是完整的，我就必死無疑！」

國王聽後頓覺茅塞頓開：每件事都有它的兩面性，好和壞都不是絕對的呀！

塞翁失馬，焉知非福？

天下沒有絕對的好事，也沒有絕對的壞事，關鍵在於我們怎樣看待。

丞相能從壞事中積極的一面來看待問題，最終化險為夷；而國王只看到了事情消極的一面，結果險些丟了性命。

天使或惡魔，只在你心中

對於一件事，我們有時很難分辨孰好孰壞。但面對所謂的壞事時，只要我們認真發掘其中的好處，同樣也能化危為轉機。

任何事情都不是絕對的，只要面對問題的心態是陽光的，幸福就是處處存在的。

雖然好與壞有時很難分清，但最終決定取捨的還是我們自己。因此，我們的態度，也決定著我們的人生。

如果我們能客觀地面對問題，不僅僅盯住其中陰暗的一面，而是善於多看光明面、積極面，那麼我們也更容易感到快樂，讓自己變得樂觀，同時也會使自己增加克服困難的勇氣。

當我們換個角度去看待一件壞事時，它也許可以成為一件好事。

✦幸福便利貼✦

The Pursuit of Happiness

人生處處有快樂，只要我們的心態積極、平和，即使是一件壞事也能找到它的意義。

其實掌控我們心靈的，不是上帝，而是我們自己。世上也沒有絕對幸福的人，只有不願意快樂的心。

當命運在向我們關閉一扇窗的同時，也會為我們打開另外一扇門。任何事都是多面的，我們不要目光短淺地只看到一個痛苦的側面，而要學會再看看其他的角度，那裡也一定會有快樂的希望在等待著你。

保持樂觀，及時清除負面情緒

人生在世，難免都會遭遇不如意，人際緊張、事業不順、情場失意，這些變故也許就在人們不經意間闖入生活，雖然它們備受人類厭惡，但是仍有一些人可以笑著迎接它們的到來，在變故面前保持著樂觀的心態。面對這些生活上的不如意，你是否也能夠做到泰然處之，臨變不驚，處變不亂呢？

抓住樂觀的心態，我們也就抓住了人生的快樂航向，即便人生再多風浪，也會因有快樂護航而越顯美好。那麼在現實生活中，我們應該如何培養自己的樂觀心態，從而使自己免受負面情緒的影響呢？

把目光鎖定在積極的層面上

在生活中，有些人之所以會表現出負面情緒，是因為他們將注意力過多地放在那些令他們不愉快的事情上。

當你受到不公平待遇時，你是否將注意力都集中在對得失的關注上？當你遭遇所謂的苦難或不幸時，你是否將目光都鎖定在那些令你痛苦的感覺上？如果你總是關注事物消極的一面，那麼你便會被一系列的負面情緒所包圍，很難會有輕鬆快樂的時候。

任何事物都有正負兩面，當你將目光放在那些正面因素上時，你便已經開始鎖定快樂了。在遭遇不如意時，你應該努力尋找其中的正面因素，並持續關注它們，建立積極快樂的情緒，以此擊退那些負面情緒，逐漸摒棄它們對你的影響。

在知足中尋找快樂

整日眉頭緊鎖的人，常常是那些追求盡善盡美的完美苛求者，因為無法獲得令自己滿意的現狀，所以他們總是被負面情緒所困擾。欲望所帶來的壓力，總讓他們關注那些自己未能得到的東西，他們總是為此鬱鬱寡歡。是無窮的欲望，讓他們喪失了快樂。

懂得知足，才不會被欲望左右，才能因為自己擁有的感到快樂。樂觀的人不會因為人生的失去而悲傷痛苦，知足的心態，常常令他們為自己擁有的一切而歡呼、快樂。將自己置身於人生擁有的一切當中，你便會被快樂所包圍。

懂得知足，才不會被欲望所左右。

不做人生的苛求者

俗話說：「難得糊塗。」

在生活中，那些樂觀者往往都是不計較、不挑剔的「憨厚」人，因為不會將注意力放在對是非分明的過分糾纏上和對人生缺陷的不滿上，所以他們總是生活得很快樂。

凡事不要過於挑剔，完美總是可望而不可求的，世界上沒有完美的東西，你應該多去注意自己所擁有的，努力使自己的人生更美好，但絕不挑剔、指責和抱怨，帶著這樣的態度去生活，你便會變得快樂而積極，成為主導自我人生快樂的主人。

學會轉移痛苦

人生莫測，是苦是樂都需要勇敢面對，泰然接受，但是接受並不是終點，除了用行動來扭轉現狀之外，有時也需要自我療傷。對於不佳情緒的處理，我們可以使用自我暗示的方法，但是有時候，有些人往往無法清晰感知這種自我暗示的力量，所以如果你發覺情緒因生活而動蕩不安、無法扭轉時，不如將一些美好的事物帶入情緒中，驅走那些不良情緒，轉移自己的情緒，以獲得心靈的放鬆。

例如：聽一些優美的音樂、看幾場有趣的電影、和好朋友一同出外旅遊、寫寫日記、聽聽笑話，或是到健身房做做運動，透過外界事物的力量，讓自己的注意力從那些不愉快的事物上轉移開來。

懂得適時屈就

對於人生中的困境，我們往往會倔強回擊，希望以此擊退其對自我的干擾，但是有時現實卻並不會因此而做出絲毫讓步。此時唯有更改面對現實的態度，才能脫離不安情緒，唯有改變心境，才能看到另一片晴朗的人生場景。

用樂觀的心態去面對生活，帶著快樂的心境欣然接受一切，對現實做一些小小的讓步，放棄那些所謂的「負擔」，那麼即便它再艱苦，我們也不會為此而沮喪至極。

我們不僅要學會面對和改變，同樣也要學會適時的屈就。一時的屈就並不等於懦弱，更不是悲觀的表現，而是一種前進的智慧。放下生活中的那些不如意，避開負面情緒的干擾，我們的人生之路才能暢通無阻，一路向前。

更改面對現實的態度，才能脫離不安的情緒。

✦ 幸福便利貼 ✦

The Pursuit of Happiness

樂觀的生活態度便是生活的陽光。

如果你能夠樂觀地面對生活中的變故，那麼無論遇到什麼情況，你的生活也一定都是燦爛的。

不幸的故事同樣在演繹，但是在不同人的手中，卻呈現出不盡相同的結果。

有些人能在不幸的陰霾背後看到陽光，用堅定、樂觀的目光追逐幸福的方向。有些人卻因為不堪打擊而捶胸頓足、痛不欲生、以淚洗面，並一蹶不振、日漸萎靡，成為不幸的奴僕，在苦難中自甘墮落。悲觀思想引發的負面情緒，讓他們深陷於對人生的困惑中無法自拔。

沒有什麼苦難比樂觀的心態更強大，沒有什麼不幸比快樂的情緒更有召喚力。

樂觀不僅是一種生活態度，也是一種涵養，更是一種對人生的領悟和透視，一種主導人生航向的座標，一種生活的智慧。

用樂觀的心態與命運抗衡，那麼一切都會被我們畫上積極的色彩，使我們成為快樂的主人，引導人生駛向快樂的彼岸。

活在當下，而不是過去和未來

我們的生命不會回到過去，更不會提前到達未來，只有現在正在進行著的生命才能帶給我們真實存在的一切。學會活在當下，便能忘卻生命中那些過往的不快，也不會對未來擔憂，會因正在進行著的生命和擁有的一切感到快樂。

但是現實生活中，真正活在當下的人卻並不多，有些人為了過往的錯失而遺憾，因為不願提及的塵封記憶而耿耿於懷，有些人則為了前路的迷茫而恐懼，為了未來的自己而擔憂、不安，如同過橋時的瞻前顧後。能夠將生命的全部注意力放在當下，不為過去以及未來而耗費自我精力的人，才能真正創造出與眾不同的人生。

面對現實的不可抗性，唯有優化自我生命的純度，才能真正詮釋出生命的意義。將最專注的精力放在對當下生活的追逐上，抓住正在進行的這一刻的人生，不為前路的坎坷、無著落而擔憂，不為過往雲煙的起落而緬懷，才能生活得無憂無慮，這樣也才是對生命最高程度的敬仰。

生命從來都不會對誰過於慷慨，即便百年的人生也是轉瞬即逝，如果我們沒有將精

活在當下，你就會因正在進行的一切感到快樂。

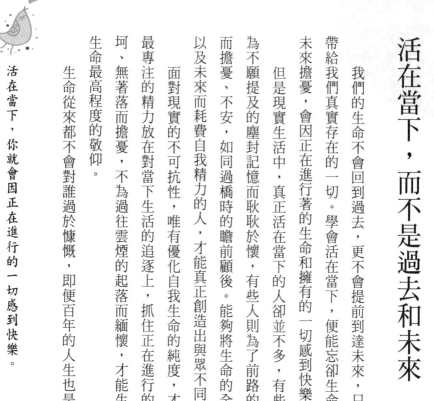

力放在對現有快樂的感恩和珍惜上，那麼對於我們來說，豈不是白白浪費了大自然賦予我們的生命恩寵。用樂觀去詮釋自我生命的美好，我們才能用生命渲染世界的美麗。讓我們從現在開始，學會活在當下，珍惜現有的每一刻。

那麼在現實生活中，我們應該怎麼做呢？

忘記過去的不愉快

也許你的過去有著令你刻骨銘心的過往，也許你昨天才經歷了令你不願提及的心靈傷痛，但是在你今天的生活中，你就應該將昨天所有的不快樂忘記。如果你還在為過去的種種不愉快而沮喪難過，甚至難以自拔，那麼你便是在不停地刺激自己的負面情緒，使其不斷湧現，而無法品味現有生活的快樂。

將過去的不愉快拿出來放在心上琢磨，就如同觸碰剛剛結疤的傷口，是一種情感上的自我摧殘。有智慧的人絕對不會為過去的種種不愉快而更改現有的生活軌跡，每遭遇一次不愉快，他們都能迅速矯正自己的人生方向，把過去的不快樂塵封起來，用樂觀的心態迎接下一刻的到來。

所以不論你過去經歷過什麼，你都應該試著忘記，把生命的全部精力留在對生命現有一刻的追求上。

不為遺憾而傷腦筋

因為追悔往昔，有些人始終都生活在遺憾中，遺憾當初沒有聽從師長的教導，後悔自己沒有在學習上竭盡全力，為誤解了曾經的好朋友而多年耿耿於懷。

但是世界上沒有可以重新來過的靈藥，再多的遺憾也無法回到過去加以彌補，對過往的追憶和後悔只是一種精力的浪費，讓我們無法專注於今天，專注於我們眼前的生活。

時光不會倒轉，過去的事將會永遠留在過去的刻度上，我們沒有必要再去追憶、更不必為某些過往遺憾、難過、痛楚，讓一切安然地留在過去，讓自己輕裝上陣，過好每一個今天。

在今天的生活中，就應該將昨天所有的不快樂忘記。

學會珍惜身邊的人

有些人只有失去了才懂得珍惜。很多人往往在時過境遷後才真正發出這樣的感慨，與其悔不當初，為何不在當初就好好珍惜身邊的人呢？與其為曾經的失去而痛苦，不如從現在開始，學會珍惜自己身邊的人，善待他們，與他們分享快樂，共擔憂愁。

用專注的精力經營你所擁有的

無論是學生、單身上班族、熱戀中的人、走進婚姻殿堂的人，還是兒孫滿堂的人，都擁有著屬於自己的人生財富，只要生活在世界上，我們就都會擁有屬於自己的那一份，用專注的精力去經營那些我們正在擁有的一切。所以無論是工作、學習還是感情，我們都應該全力以赴，因為一切的過往都無法重複，只有把握現在，抓住每一刻每一秒，才能創造屬於我們自己的幸福。

展望未來，但不為未來擔憂

很多人都對未來的生活充滿憧憬，於是人們規劃未來，希望一切都能如自己所願，當然有些人也就難免為未來道路上的重重阻礙憂心忡忡。

然而越是為未來擔憂，越是無法集中精力做好眼前的事，人生方向離期待中的越來越遠，也就不足為奇了。

未來的確是需要憧憬或展望的，但是更需要付出實際行動去兌現，只有全力以赴做好眼前的事，才能真正接近憧憬中的未來。

與其為曾經的失去而痛苦，不如學會珍惜現在身邊的人。

✦ 幸福便利貼 ✦

The Pursuit of Happiness

人的一生，從年幼到老年，常常會覺得如果我怎樣怎樣，明天就會得到幸福，不過為什麼在一個個願望實現後，幸福依舊沒有到來呢？

一切其實盡在當下。

如果你覺得現在不幸福，總覺得改變了才是幸福，或過去的事才是幸福，那麼恐怕你一輩子都難擁有真正的幸福感。

如果每一個當下我們都不能抓住，不去認真接納，總想著看不見的明天或已經遠去的昨天，我們就會永遠生活在緊張和失落之中。

幸福就在當下，就在每個人手中的每一天、每一刻，甚至每一秒，絕不是在過去或者未來。

所以，我們要把全部精力傾注在今天。如果今天我們只能取得1%的幸福，也不必奢望明日能獲得99%的幸福。因為，幸福是一點一滴積累而成的，沒有這1%的注入，就不可能產生99%的結果。

健全的人格是幸福的基礎

古今中外，無數研究者都試圖為探索幸福的人提供一些能夠圓滿的答案，有些「幸福學家」提出：一個人具備什麼樣的人格，就會有什麼樣的價值觀。人格中的某些特徵會直接幫助我們建立一個快樂的、有意義的、有目標的人生。

換句話說：一個人能否感到幸福，關鍵在於他是否具備「幸福的人格」。具備幸福人格的人，也是具備自信、內心衝突較少的人。

羅素在《走向幸福》一書中更明確指出：「種種不幸的根源，部分在於社會制度，部分在於個人心理。」

意念能夠決定內心受傷的程度

幸福的人通常具有四種人格特徵：自信、自制力、樂觀、開朗。

有自信的人，通常會對自己抱持肯定態度；具有很高自制力的人，克服生活中困難的能力也比較大；樂觀的人對生活所求較少，所以也會對所獲得的事物抱持開放的態

一個人具備什麼樣的人格，就會有什麼樣的價值觀。

度；開朗的人容易與他人相處，有和諧的人際關係，而良好的人際關係又是獲得幸福的一個重要因素。

有人曾做過調查，發現天性樂觀的人，暫時性的創傷對其產生的消極影響也較小。當發生不幸事件的幾個月後，他們就會重新回到從前的正常狀態，積極情緒也有所恢復。若干年後，他們報告中的幸福感與正常人相差不大。

相反地，一個人如果有多疑、焦慮、抑鬱自卑、心胸狹隘、偏執等人格缺陷，遇到一點小的挫折就要痛苦很久。這樣的人通常活得也比較累，一生都難以真正體會到幸福的感覺。

殘缺不在外界，而在你心裡

有一位中年婦女，離婚多年，一直都鬱鬱寡歡。由於平時總是處於一種低落的情緒中，所以她長期要靠服用一種抗憂鬱的藥物才能保持心情穩定。

為了讓自己的生活有點希望，她每週都會花五十元購買一張彩券。

後來，她中了幾千萬的特別獎，這令她激動的差點暈倒，她決定辭去了工作，還購買了一棟很大的別墅，將孩子送到最好的私立學校栽培。

但奇怪的是，她的愉快心情並沒有持續很久，到了年底，她竟然比過去看起來更憔悴。

所以，一個人所具備的人格特徵，可以直接反映著他的生活。健全的人格，可以給人深刻而持久的精神滿足，也影響著人們精神滿足的方式，因為它是達到幸福境界的一個重要階梯。

如果存在人格缺陷，對生活持消極態度，即便物質生活很富有，也會像故事中的中年婦女一樣，感受不到生活中的各種驚喜帶來的幸福感，所以命運的幸或不幸，其實都是由自己決定的，你想走向快樂還是悲觀的那條路呢？

天性樂觀的人，暫時性的創傷對其產生的消極影響也較小。

✦ 幸福便利貼 ✦

The Pursuit of Happiness

亞里斯多德說：「持久不變的並不是財富，而是人的品格。」所以，人格是我們實現幸福的真正源泉。

研究發現，讓人感到快樂和幸福的最重要因素，就是具備樂觀開朗的人格特徵。樂觀開朗的人，對正向的情感體驗，如高興、愉快等，反應強烈並敏感；而對負向情感體驗，如悲傷、痛苦等，反應微弱並遲鈍。

人格特徵，不僅決定一個人的命運，也決定著一個人一生的幸福和快樂。

具備健全人格的人，遇到困難會多往好處想，並按照樂觀的思維方式去推理情況，即使天塌下來也有勇氣去扛。

相反，有人格缺陷的人，對人生總是充滿悲觀失望，遇事愛鑽牛角尖。即使幸福到來，也會患得患失，不能盡情享受。這種個性的人，即使他充滿快樂、幸運和幸福，他也絲毫體會不到。

但這是完全可以由自己選擇的，那麼聰明的你，要繼續選擇快樂，還是不快樂？

別再讓龜毛控制你的血糖

俗話說：「細節決定成敗。」

許多成功的獲得都來自對小細節的完善處理，如果將生活比喻成一部機器，那麼細節就如同它的一顆顆螺絲，處理不好就有可能影響到整個生活。

找對方向，就能放過自己

也許有時候人們忽視生活細節，因為它看起來似乎並沒有給生活造成什麼負面影響，但是「水滴石穿」，對細節的忽視成為習慣，可能就會在長久之後釀成大錯。就如同一枚機器上不斷鬆動，卻沒有被人發現的螺絲釘，脫落之後的危險也許是更加難以預料和想像的。

但是單純強調細節卻並不一定就指向成功。真正的細節不是無限度地追究程序中的細枝末節，如果只是一味地強調細節，那就是一種吹毛求疵，就是一種脫離現實軌道的形式主義，因為人生不是做科學實驗，將生活計算精確到小數點後面太多位，往往是勞

單純強調細節，卻不一定能指向成功。

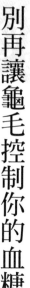

心費力不討好。

例如：為了節省家庭開支，而過分注重價格，但卻忽視了購買品的品質，初衷雖好但效果適得其反。

細節重要，大局更加重要，細節與大局始終都是相輔相成的，細節的運用要合理，就必須不偏離原來的方向。

有些細枝末節其實並不會對事情結果造成影響，以大局為基準來衡量決策，再審慎地運用才有成效。

斤斤計較，往往損人又不利己

凡事斤斤計較，那麼就容易在人際交往中遇到瓶頸；凡事都過於認真，習慣鑽牛角尖，非要分出誰是誰非，那麼就容易製造事端，受人鄙夷；凡事注重小利，疏忽大局，謀求私利，結果常常是損人不利己。

做人講求的不是一句話的輸贏、幾張鈔票的得失，而是要抓住人心，這才是成功做人的關鍵。

如何才能抓住人心呢？其實就在於付出。

這種付出並不是狹義上的給予，而是發自內心的關愛。恰到好處的熱情待人是一種關懷，適時適度的詢問則是一種慰藉。

如果熱情用錯地方，反而變成照顧不周，同樣難以深入人心。只有在與人交流時處處拿捏好分寸，重視該重視的，忽略該忽略的，才能在人際交往中獲得成功。

可見，生活中的所謂注重細節、原則，並不是要真正抓住每一件事的細枝末節，而是指要處理得恰到好處。

學會掌握好做人和做事的分寸，也就把握住了人生的原則，這樣才能一步步走向幸福人生。

抓住人心，這才是成功做人的關鍵。

✦ 幸福便利貼 ✦

The Pursuit of Happiness

對於工作，我也認為應該秉持著一絲不苟的態度，因為得過且過，不只會影響到自己，還會影響到整個組織的績效，所以在工作時，抱持著一定的「完美主義」是必要的，重要的是，不能因過多的原則，破壞了人際的和諧，延誤了事務的進行。

但對於生活，就不用處處講究「原則」、「細節」。

因為人畢竟是情緒的動物，除去了工作時的外殼，面對私人領域時，如能適時地換上一副溫和的面具，用比較多的感性與人相處，才能放鬆身心，不僅能紓解壓力，更能顯現你的可愛。

把抱怨的時間拿來解決問題

幾乎沒有人願意看到自己在追求夢想的過程中遭遇失敗，但是總有一些人，在奔赴成功的路上被失敗所攔截，其實那些在實現夢想的道路上失敗的人中，很多人並不是沒有獲得成功的實力和勇氣，而是因為缺乏那一份安然處之的心態。

成功的條件之一就在於集中精力、心無旁騖地做事。

內心浮躁，缺乏踏實的態度，對事悲觀不積極，對於不滿的現狀處處抱怨，精力被情緒分散到四面八方，怎麼可能做出成績呢？

處變不驚，把問題當磨練

二〇〇六年五月，李想被評為「中國十大創業新銳」，但是令很多人驚訝的是，當時的他只有二十五歲，是其中唯一的「七年級生」。

那時，他的身價已經過億，他不僅經營著被眾多年輕人所喜愛的大陸泡泡網，還從IT產品向汽車業擴張，創建了名為「汽車之家」的網站。

成功的條件之一，就是心無旁騖地做事。

他並沒有高學歷，他的成功不僅因為他有著有一股執著、勇敢的闖勁，更在於其處變不驚的做事態度。

一九九八年，還在上高中的李想就創辦了自己的網站，當進入高中的第二年，已經對電腦研究了六年的他毅然退學，專心做起了自己的網站。

為了辦好網站而退學，放棄考大學的機會，李想的父母雖然一度反對，但是最後還是答應了，對於家人的理解，李想知道最好的回答就是「要做出點成績」。

於是他全力以赴地投入到網站的經營中，除了吃飯、睡覺，就是整天忙於網站的經營問題。

而他也不負眾望，憑著自己的能力，第一年就賺了十萬元。

第一年的成功給了他更大的鼓舞，二〇〇〇年，他的網站與當地另外一個流量不相上下的網站合併，成立了泡泡網。

二〇〇一年末，李想在與朋友聚會時認識了邵震，交談後，邵震願意幫助李想在北京成立新公司，並幫忙拉業務。正是邵震的出現，使李想的泡泡網有機會進駐北京，現在，邵震也是泡泡網的副總裁。

貴人輔佐，加之個人努力，李想的泡泡網逐漸兵強馬壯，很快就走上了正軌。然而在二〇〇三年，一帆風順的李想卻觸到了事業上的暗礁。因為與大型公司相比缺乏競爭力，泡泡網的編輯有超過一半的人辭職跳槽，去尋求更好的待遇。網站沒有了編輯，運行也就更困難了。眼看公司就要支撐不下去了，李想卻沒有抱怨，而是反思了一下原因，原來網站本身確實存在一些問題，員工離開了，自己也有責任。

找到了原因，第二天李想就帶著幾個剩下來的高階主管，討論解決辦法，接著又馬不停蹄地招聘新人，重整運營。只用了一周的時間，網站就又重新正常營運了。

李想曾表示：「只要主動出擊，努力地把事情做好，一個人就能掌握生活的主動權，改變自己的命運。」無論對於創業者還是就業者，這一點都是適用的。

特別對於大學生的就業態度，他還提出：「我覺得現在有一些大學生心態很消極，他們往往是被動地接受生活的安排，不知道自己要的是什麼。其實在我看來，如果花四年的時間把基礎打好，學一點真正有用的東西，同時抱持著一個良好的心態，將自己的姿態放低，一路腳踏實地地走過來，怎麼可能找不到工作？我看這樣的人哪個公司都會搶的吧！」

> **只要主動出擊，一個人就能掌握生活的主動權，改變自己的命運。**

化解障礙，解開人生課題

其實不僅是初出茅廬的大學生，即便是職場上的老手，如果沒有學習解決問題的態度，也會在工作中一直碰壁。面對困境不抱怨，心懷感恩踏實做事，才有可能創造事業的成功，使夢想變為現實。對此李想就是一個值得學習的例子。

如今，李想仍然在為自己的事業打拼著。這個「七年級」的商場新貴，不僅用行動獲得了父母的肯定，也為自己的人生打開了一片與眾不同的湛藍天空，正是每一步的沉著努力，換取了他今日的成績。

面對人生的困境，抱怨不僅無法幫助你衝鋒陷陣，相反往往還會把你拉下馬，讓你一敗塗地。

事在人為，其實任何事都在人的掌握中，只要拿出肯做的精神，積極地去改變現狀，破除障礙，那麼幸福的鑰匙就握在我們手中。

幸福便利貼

The Pursuit of Happiness

在每個人遇見問題的時候，難免會產生一些壓力，但到底是用逃避的心態不斷抱怨，還是用勇於面對的態度，試試解決的方法，這就決定了能否到達目標的分水嶺，而喜歡抱怨的人，只能一直停留在原地踏步。

因為抱怨過後，並不代表會有超人飛出來拯救你的人生，而且你很快會發現，如果你不推開眼前的大石頭，就必須繞路而行，接下來，又會遇見另一顆大石頭。

所以，與其閃躲，不如走出坐困愁城的處境，與問題正面對決，或許你還會發現，問題根本就不如你所想的這麼困難，眼前的巨石都是自己想像出來的而已。

你還生活在幸福的「假象」中嗎？

有個漁夫經常在一個寧靜的碼頭釣魚，每次釣到魚後，他都會將它們放回水中。一個來這裡度假的商人看到了，就好奇地問：「你為什麼每次都把魚放掉呢？」

「因為我不需要它們呀。」漁夫說。

「你可以將這些魚賣掉呀！」商人建議說。

「賣掉後能做什麼呢？」漁夫問。

「賣掉後，你就有錢可以買更好的釣竿和更多的餌料，然後釣更多的魚。」商人興奮地說。

「為什麼要這樣做呢？」漁夫又問。

「這樣做當然是因為可以賺更多的錢呀！」

「為什麼要賺那麼多錢？」

「這樣你就可以壯大你的產業，賺更多的錢，然後你就可以有更多的休閒時間外出釣魚。」商人有點被漁夫的問題激怒了。

「但是我現在已經這樣做了呀！」漁夫笑著回答說。

商人沉默了……。

做想做的事，才是真幸福

創立濟慈醫院的證嚴法師，曾經在某次法會時，說過一句話：「有菜籃可提的女人最幸福。」

這句極為樸實的話對每個追求幸福的人都是一種最實際的開悟。因為幸福不是追求金錢、名譽、地位，而是滲透在我們生活之中點點滴滴的細微之處，人生的真味就存在於諸如提菜籃、買菜這樣平淡的經歷之中。

很多人的生活在外人看來是幸福的，但其實呢？真正的幸福與否，都是屬於自己的，不是過給別人看的。只要我們自己對生活知足，擁有一種平和的心態和回歸自然的勇氣，就可以跳出「偽幸福」的範籌。

在幸福光環籠罩下的似是而非的幸福，只能算是偽幸福。幸福可能會透過量變轉化為偽幸福；而轉化後的偽幸福，卻無論如何也無法還原到初始的幸福了。這就是我們現

人生的真味就存在於諸如提菜籃、買菜這樣平淡的經歷之中。

在多數人的生活狀態。

然而，畢竟還是有幸福的人，他們也許沒有很多金錢，也許沒有很高的職位，但他們卻有一顆容易對生活滿足的平常心。正是這種最簡單的東西，讓他們擁有了真正的幸福。

你，還生活在「偽幸福」中嗎？是不是也應該考慮如何擺脫這種生活狀態呢？

幸福便利貼

The Pursuit of Happiness

物質生活更好，非但沒有為我們帶來幸福感，反而使我們躋身至「偽幸福」的行列。究其原因，是因為我們永無止盡的欲望。

其實，幸福是一種感覺，只要你感覺到了，就是擁有。珍惜現有的，就是最幸福的人。只要我們身心健康，懂得知足常樂，就會隨時從生活中發現幸福。

健康，是幸福人生的基礎

世上的每個人都渴望自己能獲得幸福，可是人們在追求自己所理解的幸福過程中，經常為收穫幸福，而「失去幸福」，其中就包括健康。

身心健康，才是獲得幸福的最大本錢。

古語曾說：「留得青山在，不怕沒柴燒。」如果一個人連享受幸福的本錢都不存在了，即使幸福真的降臨，恐怕也只能「望福」興歎了！

所以，千萬不要為了追求理想中的幸福，而透支自己的身體和心靈。在這個世界上，沒有什麼比自己心情愉悅、身體健康更重要的事了。

上天給了我們最初的健康，有點像在我們的銀行帳戶裡為我們存了一筆錢，我們不能每天坐吃山空，要讓它保值、升值。

有些人可能腰掛「救生圈」，可能血壓、心臟已有點不正常，可能煙不離手、酒不離口，可能很久都沒有進過健身房，卻經常有各種藉口：工作太忙了，家務事太多了，沒時間鍛鍊，周圍沒有運動器材……等等。

不要為了理想中的幸福，而透支自己的身體和心靈。

事實上，只有一個人能幫助我們免遭疾病之苦，那個人就是我們自己。只有我們自己懂得珍惜健康，才能擁有健康的身心，才能有獲得幸福的最基本的資本。

叔本華告訴我們：「在一切幸福中，人的肩寬勝過其他幸福，我們可以說一個身體健康的乞丐，要比疾病纏身的國王幸福得多。」

在人生中，健康是「1」，財富、名譽、地位等，統統都是「0」。即便你失去了一個「0」，只要「1」還在，那麼你就可以繼續添加更多的「0」。但如果你失去了「1」，那麼「0」再多也沒有了意義。

現實中的很多人都會為了金錢或其他東西而寧願犧牲健康。然而當健康真的遭遇威脅時，人們才明白，其實世界上沒什麼比健康更重要的東西。失去了健康，幸福根本無從談起。

所以，要想找到幸福的人生，首先應該學會如何培養自己的身心健康，才能讓自己有充沛的活力去達成想要的人生。

幸福便利貼

The Pursuit of Happiness

生命中，我們一直不停地追逐幸福。

孩提時認為，擁有豐富多樣的物質就是幸福；長大後認為，幸福就是優越的工作環境。殊不知，擁有健康才是一種真正的幸福。

有了健康，我們才能平安地生活，才會擁有充滿陽光的世界，才會創造燦爛與輝煌。

健康是生命的基座，失去了健康，生命也會變得黑暗和悲慘。能夠擁有一個健康的身體，附加上健康的心靈，如果在兩者之間保持良好的平衡，這就是人生最大的幸福了。

Imperfection Helps You Earn the True Happiness in Life.

「用勇氣改變可以改變的事情，用胸懷接受不能接受的事情，

用智慧分辨兩者的不同。」

Apple Inc.前副總裁 **李開復**

Chapter 5

打開心門，讓幸福傳出去

你的心胸夠寬大嗎？

幸福顯微鏡

1. 你最喜歡下列哪種漫畫家的漫畫風格？
A．幾米。
B．蔡志忠。
C．朱德庸。
D．麥兜。

2. 當你在社區的公共閱覽室閱讀時，有人播放了你最討厭的歌，你會怎麼做？
A．立刻走出閱覽室。
B．雖沒走出去，但很煩躁，甚至捂住耳朵，表示自己的不滿。
C．找人將音樂關掉或換其他光碟。
D．雖然很難聽，也無所謂，埋頭看自己的書。

3. 你與幾個第一次見面的網友共處了幾小時後，你會回想其中的哪個部分？
A．不斷回憶自己在人群中的模樣。
B．回想起讓你覺得愉快的片段。
C．為自己說得不夠得體的某些話或行為而感到不安。
D．總結出哪幾個人是值得或不值得交往的。

4. 假設你坐在小船上，在一條完全陌生的河裡漂流，此時你會想像到什麼畫面？

Ⓐ．船將漂進一片原始的森林裡。
Ⓑ．前面不遠是瀑布，再不靠岸則危險將至。
Ⓒ．河水清澈，陽光明媚，魚在船邊跳躍。
Ⓓ．前面不遠就是你的家了。

5. 下面哪種情況比較接近真實生活？

Ⓐ．你的朋友都喜歡將他們的隱私及煩惱告訴你。
Ⓑ．只有少數朋友會與你聊起隱私話題。
Ⓒ．你對朋友的心事幾乎不了解，即使是比較親近的人也一樣。
Ⓓ．你對別人的隱私沒什麼興趣。

6. 聊天時，你談及對某人的不良印象，卻看到他剛好從旁邊經過，你會怎麼辦？

Ⓐ．非常不安，想找機會向對方解釋，儘管你不喜歡對方。
Ⓑ．心想：他聽到了才好呢，我就是討厭他！
Ⓒ．猜想他也許沒聽到吧，就算聽到了也無所謂，反正你說的是實話。
Ⓓ．擔心地提防此人，怕他對你出言不遜，或當眾羞辱你。

7. 在與一群人交談時，你通常會怎麼做？

A. 與大家你一言我一語地聊得非常開心、投機。
B. 表面上看起來比較合群、能侃，但心裡卻覺得孤獨無聊。
C. 會胡思亂想一些與交談話題無關的事。
D. 是一個專注的聆聽者。

8. 你通常如何對待自己的感受？

A. 避免表達，因為覺得別人不會理解或不會當一回事。
B. 輕鬆就能表達出來，基本上不會把情緒悶在心裡。
C. 會選擇一個你認為適當的場合向他人暗示。
D. 取決於心情，心情好時大說特說，不好時就一聲不吭。

9. 一個與你很好的鄰居向你推銷他們公司的產品，你用後發覺並不像鄰居說的那麼有效，而且很貴，你將怎麼做？

A. 表面上與鄰居仍保持以前關係，但對其有了戒心。
B. 討厭他，看見他都不太舒服。
C. 向他抱怨，但仍與他保持良好關係。
D. 能夠諒解鄰居行為，並會調整自己以後的購物心態。

10. 你會如何看待自己的糗事？

A. 經常添油加醋地抖出來與大家一起笑。
B. 講出來前會考慮一番，擔心損害形象。
C. 只在極熟的人面前才會講。
D. 儘量避免告訴別人。

11. 當你發現自己錯怪了朋友時，你會怎麼做？

A. 向他道歉，嬉皮笑臉地逗他開心。
B. 難以開口道歉，但會努力找個適當的場合來挽回友誼。
C. 也知道自己不對，但說不出「對不起」，心理負擔很重。
D. 讓事情慢慢過去算了，心想也許他不會怪我的。

12. 與同事或同學在餐廳吃晚餐，買單時你會如何表現？

A. 忍痛買單，如果其他人沒有主動表示。
B. 主動提出平均分攤。
C. 裝作沒看到。
D. 小事一樁，主動買單。

13.「每個人都以為自己是世界的中心」聽到這種說法，你的反應是什麼？

Ⓐ．嗯，很有可能，我以後要注意一點，不要讓自己陷入這種境地。
Ⓑ．可能嗎？反正我沒有過這種想法。
Ⓒ．真可笑，一點自知之明都沒有。
Ⓓ．會心一笑。

14.朋友約你看一部熱門電影，排了一小時隊，結果輪到你們時，票卻賣完了，你會怎麼辦？

Ⓐ．很沮喪，和朋友抱怨。
Ⓑ．早就預料到這個結果了，建議挑另一場，或去逛街。
Ⓒ．看對方安排。
Ⓓ．心情大受影響，回家算了。

15.假日清晨，剛睜開眼睛，就聽到敲門聲，你覺得會是誰？

Ⓐ．來借醬油的鄰居。
Ⓑ．敲錯門的陌生人。
Ⓒ．盛裝打扮的情人。
Ⓓ．一隻可愛的卡通人物。

評分標準

8	7	6	5	4	3	2	1	計分欄
1	4	2	4	3	1	3	3	A
4	2	3	3	1	4	1	1	B
2	1	4	2	4	2	2	4	C
3	3	1	1	2	3	4	2	D
	15	14	13	12	11	10	9	計分欄
	2	1	3	2	4	4	2	A
	1	4	2	4	3	3	1	B
	4	3	1	1	1	2	3	C
	3	2	4	3	2	1	4	D

你的心胸夠寬大嗎？

測試答案

得分為54～60分：

你是個很樂觀的人，平時不拘小節，心胸也很豁達，願意百分之百的信任他人，也不太計較與朋友來往的得失與否。更重要的是，你對人性的弱點有相當的理解力，能夠在體諒別人的同時，又不至於委屈自己，是一個懂得掌握人我分際的EQ高手。

得分為42～53分：

你面對外在的心態，主要是取決於對方的表現。如果對方是屬於大剌剌的個性，你也會卸下心房和對方相處，不會在意太多細節；如果遇到一個斤斤計較的對象，你也不遑多讓，不會讓自己被這種人吃死死，所以你的心胸開闊的程度，一方面要看當時的情境、一方面取決你當時的心情，這種變化莫測的個性，算是很有彈性，但有時候也要小心突然「翻臉跟翻書一樣」的情節，會讓身邊的人不知所措。

得分為29～41分：

你是一個想太多的人。經常覺得自己在與人相處時，容易陷入一種矛盾境地：看似開朗的外表，其實內心藏有許多委屈，卻敢怒不敢言。有時，你會覺得為朋友付出太多，有時又認為自己做得不夠，對不起他們。一旦遇到不如意的事，你又會把責任都攬到自己身上，常常為自己增加了很多不必要的心理負擔，建議你要對自己多幾分自信，因為與你作對的人，通常是你自己。

得分為28分及以下：

你是一個很自我中心的人，凡事很少會站在別人的角度，為別人著想，也很難去信任他人。同時，你還是個悲觀主義者，往往只看到生活的負面，對未來也沒什麼信心。你的敏感自尊造成你對很多事都相當在意，也很愛與人比較、計較。當遇到不如意的事時，你習慣怪罪於別人，造成朋友合則來，不合則去的極端情況，建議你學著站在別人的立場想一下，多一點耐性，多一分冷靜，會讓自己的心更平靜。

寬恕是開啟幸福之門的鑰匙

一位長壽的老人曾說過：要擁有一個幸福的人生其實很簡單，一是不要用自己的錯誤懲罰自己，二是不要用自己的錯誤懲罰別人，三是不要拿別人的錯誤懲罰自己。

錯誤和失敗都是人生的必修課，唯有學會寬容自己、寬容他人，才能開啟幸福的大門。如果稍一犯錯就終日沉陷在自責和抱怨之中，那麼你不僅失去了正午的太陽，還將失去夜晚的群星。

寬容是一種胸懷、一種睿智，更是一種樂觀面對生活的勇氣。

羅素曾說：「參差不齊是幸福的本質。」

設身處地，療癒關係良藥

人與人相處，因立場不同、所處環境不同，有時很難切身體會他人的感受。因此，對別人的失意、挫折、痛苦等，不應該幸災樂禍，而應給予理解和關懷。如果我們能常懷寬容之心，便能包容生活中的喜怒哀樂，從容化解人世間的恩恩怨怨，從而獲得幸福和快樂。

而且，寬容了別人，實際也是在寬容我們自己。相信很多人都遇過蜜蜂的螫刺，那種疼痛也一定會刻骨銘心，你也可能會因此而痛恨蜜蜂。但是，你可曾想過蜜蜂為此付出的慘痛代價——永遠結束在花叢中採蜜的美好生活？

其實，人只要活著，就要經歷各種痛苦，這些痛苦就像是血管中的「栓塞」一樣，如果不及時清理疏通，就會殃及健康甚至生命。

因為痛苦與幸福相斥，人的內心如果被曾經的過錯與痛苦填滿，就失去了接受幸福的空間。學會寬容和忘卻，則是清除痛苦的最佳方法，也唯有清除痛苦，我們的內心才有更多的空間容納幸福。

虛懷若谷，為人生開啟新的窗口

南非前總統曼德拉曾因為領導反對白人種族隔離政策而入獄二十七年。儘管當時曼德拉已經高齡，但白人統治者仍像對待年輕犯人一樣虐待他，並將他關到荒涼的大西洋小島上。

很多時候我們之所以感到煩惱，正是由於缺少寬容或是不能寬容他人造成的。

一九九一年，曼德拉出獄後當選為總統。在總統的就職典禮上，曼德拉卻像對待朋友一樣，親自接待當初在監獄看守他的三名獄方人員。並要求他們站起來，以便他能將他們介紹給大家。

曼德拉博大寬宏的胸懷，讓南非那些殘酷虐待他二十多年的白人無地自容，也讓所有到場的人肅然起敬。看著年邁的曼德拉緩緩地站起身來，恭敬地向三個曾關押過他的人致敬，在場的來賓都安靜了下來。

曼德拉後來向朋友解釋說，自己年輕時性子急躁，正是在監獄中學會了控制情緒，才有機會活了下來。牢獄生活也讓他學會了感恩與寬容。

他說：「當我走出囚室，邁往通往自由的監獄大門時，我已經清楚，自己若不能將悲痛與怨恨留在身後，那麼我其實仍在獄中。」

我們之所以總是感到生活不如意，總是怨天尤人，是不是因為我們缺少曼德拉所具備的寬容呢？其實，生活之中的痛苦比比皆是，唯有懷著一顆寬容之心，才能讓自己獲得真正的解脫，開啟幸福之門，獲得幸福。而斤斤計較，怨恨一切，只會令我們的人生不堪重負，幸福的大門也會緊閉不開！

人的內心如果被曾經的過錯與痛苦填滿，就失去了接受幸福的空間。

幸福便利貼

The Pursuit of Happiness

莎士比亞在《威尼斯商人》中說：「寬容就像天上的細雨滋潤著大地。它賜福於寬容的人，也賜福於被寬容的人。」

寬容是開啟幸福之門的鑰匙，因為我們饒恕別人，不但給了別人機會，也因此能夠與他人和睦相處。由此可見，寬容是一種看不見的幸福。

生活經驗告訴我們：與人為善，就是與自己為善；與人過不去，其實就是與自己過不去。只有寬容地對待他人，我們才能獲得一個輕鬆、自在的人生，才能生活在幸福與友愛之中。

當你寬容一個人的時候，最先釋放的是你自己；你不能寬容別人，首先被囚禁的也是你自己。

寬容就是一種氣度、一種品質，可以帶給人以幸福：能寬容別人的人是幸福的，被寬容的人也是幸福的。既然如此，我們為何不將自己從憎恨的牢籠中解脫出來，享受幸福呢？

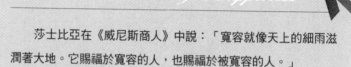

意念是針，時間是線，縫合你受傷的心

每個人一生當中都會遭遇一些傷害，比如，親人去世、事業失敗、身患疾病、情人分手，等等。總之，沒有人能一生都一帆風順沒有任何悲痛地生活。這些傷痛，可能會讓我們很長一段時間都難以釋懷，受傷的心也難以痊癒。

比如，努力讀書也可能難以擁有理想的工作，不願離婚卻必須接受離婚的現實，撫養孩子的經壓力增大……等等。

但生活節奏的加快，又會讓現代人消化悲傷和痛苦的時間不得不變短，很多痛苦沒有完全得到釋放後，就被強行壓在心靈的最底層，而新的悲傷又很快覆蓋在上面，不斷積壓。我們甚至可以說，人類從古到今的痛苦經歷，可能從未像今天這樣，複雜又沉重。

但面對痛苦和悲傷，有的人會積極主動地想辦法療傷，而有人卻長久地坐在原地為昨日的悲傷繼續悲傷。其實悲傷和痛苦也像疾病一樣，都需要「治療」。

在追尋幸福的道路上，我們不能避免悲傷和痛苦的降臨，但卻要學會有意識地處理和消化。

接受現實，讓痛苦一次瓦解

有人說，時間可以治癒一切，隨著時間的推移，痛苦也會慢慢消失。但是，我們不能把責任全部推給時間，時間也不能解決所有的問題，不能化解所有的痛苦。要獲得真正的幸福，我們還需要有意識地化解痛苦，為心靈療傷。也就是說：要縫合受傷的心，使之痊癒，既需要時間這根「線」，也需要意念這根「針」。

要讓悲痛遠去，我們首先必須學會接受現實，用意念正視悲痛，即使這根「針」要重新挑出你的悲傷，讓你痛徹心扉，也不要逃避。

既然不幸已經發生，事情的結果不會因為我們的痛苦而有所改變，那就鼓勵自己正視它。然後給自己時間，一點點體驗這種痛苦。

這是一個必須經歷的過程，因為任何逃避都只會拖延感受悲傷的時間，讓悲傷因無法宣洩而日益鮮明、尖銳，讓自己與幸福無緣。只有敢於正視痛苦、說出悲傷，我們內心的痛苦才能得到釋放，我們那顆受傷的心才可能被縫合。

面對不幸，要用意念和時間去努力縫合心靈的傷口。

莎士比亞曾說過：「說出你的悲傷吧！沒有說出來的悲傷將摧毀你那過度疲憊的心，令它破碎！」實在是精闢入理。

你可以透過各種方法幫助自己發洩這種悲傷，比如哭泣、向朋友傾訴、用文字表達，等等。當這些內心悲痛被釋放後，我們才能在時間的長河中漸漸將它們看淡，甚至遺忘。在面對現實和宣洩痛苦之後，我們就可以向幸福和新生邁進了。

接受現實，讓痛苦一次瓦解

有一位老人死了兒子，他很痛苦，一直無法解脫。於是，老人就去問神父，有沒有什麼辦法能讓他的兒子復活？

神父說：「可以。你拿著一只碗，然後挨家挨戶地乞討，如果有沒死過人的家庭，你就跟他要一粒米。等你討到十粒米後，你的兒子就會復活。」

老人聽後，馬上拿著碗去乞討。而且每換一家，他都會將自己失去兒子的痛苦重新傾訴一遍，但一路走來，卻發現沒有不曾死過親人的家庭，到最後他連一粒米也沒有討到。

這時，老人才恍然大悟：親人去世，原來是任何家庭都無法避免的痛苦，但他們也都走了出來，重新用笑顏面對人生。想到這些，他感到寬慰了許多，也慢慢從失去兒子的痛苦中走了出來。

每個人都會遭遇各種各樣的失望、挫折和不幸，但我們不能永遠沉浸在痛苦之中無法自拔，或強行將痛苦積壓在心底。

只有像故事中的老人一樣，找到宣洩點，然後慢慢將痛苦釋放，讓受傷的心靈漸漸癒合，我們的內心才能真正坦然，我們才能獲得幸福。

面對生活的不幸，要用意念和時間去努力縫合心靈的傷口，讓自己重新擁有尋找幸福的勇氣。

跨過悲傷陰霾，迎接歡笑晴空

悲傷，是一個人生命中累積了壓力和危機的危險時刻。應付得當，我們便能走出悲痛，繼續尋找幸福；應付不當，就可能一生沉浸在悲傷當中無法自拔。

在面對悲傷時，我們要有意識地將其宣洩出來，不要將其永遠存放在記憶深處，隨

只有敢於正視痛苦、說出悲傷，我們內心的痛苦才能得到釋放。

時翻出來回憶，折磨自己。用適當的方法發洩悲痛，可以讓我們的心靈獲得平靜。此後隨著時間的推移，這些悲傷也會慢慢沉澱。我們心中的傷口，也會在這個過程中慢慢被縫合，我們也會重新具備尋找幸福、享受幸福的勇氣。

✦ 幸福便利貼 ✦

The Pursuit of Happiness

心靈受傷不可怕，可怕的是永遠逃避、不敢面對，還期待時間為我們創造新生的奇跡。其實，傷口的癒合不能光靠時間，還必須靠我們的意念去正視和面對這些傷痛。

我們不必強求悲傷消失，但我們要學會將其從心中真正放下、淡化，使之成為我們人的一部分，而不是我們生活的全部。唯有如此，我們才可以破繭成蝶，從苦痛之中獲得新生！

改變自己能改變的，接受自己不能改變的

有個老翁意外地得到了一支價值連城的瓷碗，他愛不釋手，每天都要看上幾遍。結果有一天，他一不小心沒拿好，瓷碗就掉在地上摔個粉碎，讓他心疼得幾乎昏過去！從此以後，他就天天望著那些摔碎的瓷碗碎片，茶飯不思，整個人都瘦了一大圈。半年後，他一病不起，不久就病危了。臨終前，他手裡還緊緊握著瓷碗的碎片。

其實，這個人的心情我們可以理解，但他到生命的最後關頭也不明白覆水難收的道理，即使多麼悲傷和後悔，也無法使破碎的瓷碗再次恢復原樣。

所以，當生活中發生類似不能挽回的事情，或出現我們不能改變的結果時，無論多麼懊悔，我們也只能學著接受它、適應它。

生活隨時都可能出現意外，沒有人能夠預測未來。

然而，有時候命運會帶給我們一些考驗，比如疾病、車禍、自然災害等等，即使我們不願聽從命運的安排，也不能改變事實分毫。這時，如果我們不能學會欣然接受，就只會讓災禍主宰我們的心靈，生活也會因此而失去陽光。

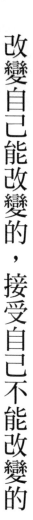

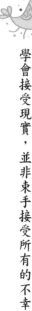

化悲憤為力量，才是真正的堅強

生活中，有些事物是我們只要努力就可以改變的，例如我們的工作、薪水、生活狀態……等等；但同樣有很多是我們不能改變的，比如我們的出身、性別，以及生活中的種種意外……等等。

能夠改變的，當我們感到不滿的時候，就可以透過自己的努力進行改變，讓他成為我們希望的那個樣子；而無法改變，即便你多麼不滿也無能為力，比如遭遇不幸的意外……。每個人都有一些東西是自己無力改變的。那麼，對待這些不滿只有一個辦法，就是學會欣然接受這些不可改變之物。

學會接受現實，並非束手接受所有的不幸。只要還有改變的機會，我們就應該為之努力。然而，當我們無力挽回已成的定局時，就不要再有所顧慮了，正確面對這個現實並接受吧。不要在痛苦中掙扎，應該把力量放在那些你可以改變的事物上。

有位老人背著一罈酒在路上走。

忽然之間，背酒的繩子斷了，酒壺掉在地上摔碎了，酒也撒了一地。可是，這位老人卻連頭都沒有回，直接扔下手裡的繩子，繼續向前走去。

這時有路人看到了，就很奇怪地問老人：「老先生，您的酒壺摔碎了，怎麼完全不為所動呢？不回頭看看？」

老人說：「既然已經碎了，酒也都撒光了，又何必再回頭看呢？就算我回頭看了，酒壺也不能恢復原狀呀！」

對待已經發生的事情，又是不能改變的現實，我們也應該像這位老人一樣，坦然接受，而不是讓抱怨、懊悔填滿心靈，讓心中本該擁有的幸福和快樂無處容身。

有人說：人生因為遺憾而美麗！如果我們不能將不幸看做是上天給予我們的另一種恩寵，那麼至少讓自己學會接受。很多事情的發生不是人為能控制的，無法改變事實，但我們可以改變面對事情的心情。

當然，接受現實不等於接受所有的不幸，我們同樣需要有改變不幸的勇氣。唯有如此，才不會在事情無法挽回時懊悔不已。

試著改變能夠改變的，接受不能改變的，我們的心才會變得淡定從容，我們也才更容易品味更多幸福。

生活隨時都可能出現意外，沒有人能夠預測未來。

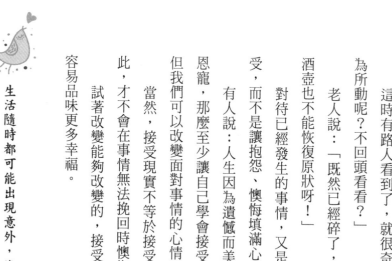

幸福便利貼

The Pursuit of Happiness

努力改變自己能改變的，並快樂接受自己無力改變的現實。我們無法改變事實，但我們卻可以改變自己的心境。

有些人會想說，如果我當時可以嫁給他就好了、如果我多存一點錢就好了、如果我可以多認真讀點書就好了……或許這些假設被扭轉後，你的確可以獲得新的幸福，但也代表既有的幸福有可能會離你而去。

遺憾的是，人生是一張單程車票，所有走過的、經歷過的都是不可更改的。如果這些現實是美好而快樂的，我們自然願意歡喜接受。如果是不幸的，帶著悲傷，帶著眼淚，我們就會排斥，不願接受，並會因此而掉入各種假設的陷阱，悔恨、懊惱、失望、自責，直至身心俱疲。

遭遇不幸，多數的人都會無法接受，並為之痛苦。但若總是沉溺其中，這些痛苦就會成為你心靈的枷鎖，束縛你追求幸福的腳步。所有已發生的事，都註定是無法改變的真相。你若想否認這些事實，就是在否定自己。

所以，我們勇敢地學會接受真相，不與過去的任何事情拔河，這樣才有能力去改變自己不盡如意的命運。

我們都在趕路，忘記了祝福

有人說，追求幸福就像「談戀愛」，不同的人會有不同的目標，不同的人也會有不同的經歷和體驗。

例如：有些人會將追求的過程，當成一種幸福。因為深愛著某一個人，所以我們有了寫情書的創作欲，遇到對方各種反應，自己也會衍生各種千迴百轉的情緒，就像是自己正在經歷自導自演的偶像劇，或哭、或笑，或犧牲、或被接受，都是人生不可或缺一段過程，而有些人也因為這些過程的歷練（例如：收太多張好人卡），而真正成為一個更好的男人。

相反地，有些人卻會把結果看成一切，有的人甚至覺得，如果愛情沒有順利地開花結果，就是在浪費青春、時間，但遇見一個自己愛的、又深愛的人何其難得，這樣對感情的標準未免過於嚴苛。

更多人對於生活的追求與後者的模式很相似，每天忙著上班，忙著充電，忙著投資理財，急於讓自己「有所收穫」，以為這樣就可以儘快獲得幸福。然而，只顧趕路尋找

追求的過程是相似的，結果卻不完全相同。

幸福的我們，卻忘記了沿路的風景本身就是幸福，忘記了人生旅途中還有很多親人和朋友的祝福與關心一直在那裡。

最重要的人，往往也最容易被忽視

在韓國電影《長腿叔叔》裡，女主角茱迪得知一直幫助她的「長腿叔叔」就是生活在她身邊且將不久於人世的傑維時，有這樣一段感悟：

「我一直在寫信給你，寫我的故事，以此讓我減少一些孤寂。我生命中第一次感到後悔，我該怎麼辦？……在那麼多的美好瞬間裡，原來自己要找的人其實就在身邊，然而我們卻常常只顧急急地向前飛奔，或太在意對結果的追求。

周圍的風景儘管美麗，我們卻始終無暇顧及，等到終於身心疲憊地追尋到那夢寐以求的答案時，卻忽然發現心裡空蕩蕩的。原來結果的獲得，似乎並沒有預想的幸福，甚至是殘酷的。而我所要尋找的人早已在身邊守候已久，一直盼望的幸福其實早就蘊藏在無暇顧及的過程當中了。」

在追尋的過程中，我們永遠不知道明天會發生什麼，不知道哪一個轉角會有怎樣的奇遇在等著我們，但過程中的點點滴滴，和曾經憧憬過的心，及風中雨中的守候，又何嘗不是一種幸福呢？

生命原本就是一個從零再歸零的過程。在生命漫長的歷程中，太多的日子我們只顧匆匆忙忙、平平庸庸地追尋幸福。然而途中曾經發生了什麼？是否有過幸福的感覺？好像都不記得了，只記得我們一直在忙著趕路，忽略了沿途的風光，忽略了身邊所有愛我們的人。然而當我們沒能像預期找到幸福，再次回首時才發現，原來忽略沿途的風景和身邊的親人，才是人生最大的禮物。

生活中不缺少美，而是缺少發現美的眼睛。同樣，我們的生活也並非不幸福，只是缺少感知幸福的心靈。

別再只顧著匆忙趕路追求幸福，幸福不在目標的終點處，而在你的身旁，在每一位親人、朋友、情人帶給我們的每份感動中。

周圍的風景儘管美麗，我們卻始終無暇顧及。

幸福便利貼

The Pursuit of Happiness

「有容乃大，無欲則剛」，也許就是這些無法滿足的欲望使得我們不能停下趕路的腳步。

有了工作，又希望有屬於自己的房子，有了房子又想買車子，車子買了，還要考慮停車位……於是追逐不已，忽略了生活中的點點快樂，忽略了親人的關心，忽略了孩子的可愛，忽略了朋友的祝福……然而生活水平是提高了，可是我們的幸福指數卻在降低。

也許我們一直都在為了心中「最美麗的風景」那個目標而拼命追趕，等到了終點，發現這僅僅是個中點，下一個目標終點還在向你揮手，於是不曾駐足休息，沒有收拾心情，又馬不停蹄的奔向下一站。

既然如此，為何不停下追逐的腳步，回歸舒適，享受與家人、朋友在一起的溫馨和感動呢？

心有多大，幸福就有多大

天空有隻鳥兒在飛，農夫看見後，搖頭歎氣道：「鳥兒真辛苦，要四處飛翔才能找到食物。」

而另一位少女看了，則歎氣說：「鳥兒真幸福，有一雙美麗的翅膀可以自由飛翔。」同一種境況，不同的人會有不同的心情。

對待幸福也是如此。幸福有時就像一個頑皮的孩子，經常會在你毫無任何期待的情況下出現，卻又在你刻意追求時消失。這也許就是我們常常埋怨幸福難以把握的原因吧。

事實上，幸福只是一種感覺。你認為自己是幸福的，那你就能感到幸福；如果你認為自己是不幸的，你就感到不幸。

類似的生活中的小幸福，我們要懂得及時把握。因為無數的小小幸福，也就彙集成了整個幸福的人生。

有一個光腳的人和一個饑餓的人結伴而行。光腳人對幸福的定義是能擁有一雙鞋，

總是抱怨自己不幸的人，喜歡將目光放在自己不曾擁有的東西上。

饑餓的人對幸福的定義是能擁有一餐飽飯。

然而當他們看到路邊還有一個坐在輪椅上的人時，他們突然感覺自己是幸福的：雖然沒有鞋穿，但至少還有一雙可以走路的腳；雖然饑腸轆轆，但身體還健康的。

而輪椅上的人卻並未因此而認為自己不幸，他說：「我也是幸福的，因為我還有生命。」

你的心就是幸福的源頭

總是抱怨自己不幸的人，愛用狹隘的思想迷惑自己，將目光放在自己不曾擁有的東西上。其實放下心靈的負擔，仔細品味已擁有的一切，學會在心上細數自己的每一份擁有，你就會發現，自己還有那麼多值得別人羨慕的地方，幸福之神原來一直都圍繞在我們身旁。

偉大的哲人盧梭在《懺悔錄》中，以少有的筆觸詠歎了生命的幸福時光：

「黎明即起，我感到幸福；清晨散步，我感到幸福；我在樹林和小丘間蕩漾，我在山谷間徘徊，我讀書，我閒暇無事，我在院子裡幹活，我採摘水果，我幫助料理家務——不論到什麼地方，幸福步步跟隨著我。這種幸福並不存在於任何可以明確指出的事物中，而是完全在我的身上，片刻也不曾離開。」

讀盧梭的幸福，我們也似乎回想起自己曾經也有過類似的經歷，當時我們的內心是否感到幸福呢？

幸福就像一股川流不息的清泉，進入盧梭的心中，也曾經過我們的心中。不同的是，盧梭感覺到了；而我們，似乎遺忘了那種感覺。

在回憶曾經走過的路時，我們也許會感到不幸。而事實上，我們當初認為的不幸，只是當時的一種心境、一個過程。

在承受這些不幸時，我們需要把心放大，不要去計較那麼多，因為過分計較只會使自己的心縮小，一顆縮小的心怎麼能裝得下幸福呢？只要你願意把心放大，幸福就有多大。

要尋找幸福，不妨由外在的刺激轉向內在的滿足。

幸福便利貼

The Pursuit of Happiness

別人或許可以幫助我們擺脫貧困，可以幫助我們富裕，但無法幫助我們幸福。因為，幸福是我們內心的感受，讀懂了自己，就讀懂了幸福！

幸福沒有形狀，也沒有絕對的標準，就只是一種心態。饑渴時，能擁有一碗清茶或一杯清水，就是幸福；想睡時，一張簡陋的床能夠躺下安歇，就是幸福；即使情人遠在千里之外，心有思念，也很幸福……，幸福就在生活的點點滴滴當中，常常藏在小事物中，多數時是一種觸及心靈深處的悸動。而小小的悸動，卻泛出甜美的感覺，於是，幸福的滋味便溢了出來。

幸福不易獲得，更易失去。生活本身就是酸甜苦辣各種滋味應有盡有。這是現實，也是普遍規律，沒有必要傷感和埋怨。

境由心造，把自己的心態調整好，加上理性、灑脫與豁達，將幸福變成一種習慣，讓它時時光臨我們的人生。只要我們用心去感受生活的點點滴滴，幸福就會盈盈在握。

從痛苦的土壤中開出生命之花

對於我們來說，過往的失敗、或不幸，都是刻骨銘心的，我們也忍不住一遍又一遍地重複提醒自己過去的痛苦，希望事情不是這樣，或不是發生在自己身上，每天都在預演著那些可能永遠都不能出現的對話，為永遠不可能發生的場景設計反應，似乎要忘卻過去，實在太難了！

事實上，每天回憶或懊悔過去發生的事，對現在有什麼意義呢？當遭遇挫折或面臨錯誤時，你要做的不是沒完沒了地責備自己，而是應努力避免類似的錯誤再次發生。

單純地停留在過去的錯誤上沒有任何意義，只會不斷地折磨自己的身心，讓自己的生活變得愈加不幸。

過往的不幸或犯下的錯誤，我們要視它們為流沙一般，透過時間的指縫慢慢消失、不見。當我們從記憶中抹去那些痛苦的、灰色的故事時，心靈之間將會充盈著甜蜜的快樂。學會忘卻，有時也是一種幸福呀！

過往的錯誤，我們要視它為流沙，透過時間的指縫慢慢消失不見。

有意義的失憶，是為了讓生命前進

遺忘是一個漫長的過程，你可能不僅僅掛念已經無法扭轉的過去事實，並一直想著以前的不幸。但是，倘若你不能對不斷破壞你生活的事物做一點建設性的改變，那麼至少你應該將這些不快樂拋到一邊去。

比如將這些記憶封存起來，或從事一些其他的活動，讓新的經驗更新悲傷的情緒，讓自己重新走出一條路。

一段時間後，你可能會發現，過往的那些不幸，也並非真的那麼重要，你可以再重新走上一條鋪滿鮮花的幸福之路。

在紐約市中心的一家辦公大樓中，其中一個快遞員工是位殘疾人士。由於一次不幸的車禍，他的左手腕被截肢了。

常常有客戶會問他，少了這隻手生活上是不是很不方便。

他也都輕鬆地回答說：「噢，不會的，我根本就不會去想它。只有在要穿針的時候，才會覺得有一點點的不方便。」

一個人如果總是背著沉重的懷舊包袱，為逝去的歲月和過去的不幸而傷感不已，只會白白消耗現在的大好時光，錯過更多創造幸福和擁有快樂的機會。

所以，如果有必要，我們就應該接受現在的任何一種不幸，讓自己學會適應，然後當它是流沙一般，漸漸忘記。

重要的是，我們應該樂觀地邁出雙腳，找尋再次遇見幸福的機會。

人常常容易被一些過去的微不足道的小事所困擾，結果白白浪費許多寶貴的時間。時過境遷，又有誰會對這些瑣事感興趣呢？

既然如此，我們不妨學會寬容、忘卻過往的不愉快，讓自己時刻都走在通往幸福的道路上。

唯一能消除恩怨的方法，就是以寬容的心忘卻。

幸福便利貼

The Pursuit of Happiness

人要學會忘記不幸的過往，勇敢地站在新的起跑線上。你會發現，充滿鮮花的幸福之路就在不遠處等你。

每個人都有不同的生活路徑，你的道路也不可能與別人完全一樣。

不該擁有的東西，我們註定是得不到的；應該獲得的，遲早都是你的。所以，不必過分計較你的得失榮辱，學會忘卻過往的不愉快，安心做現在該做的事，你肯定能獲得應該得到的一切。

既然今日的生活如此美好，為何我們要讓過往的煩惱擾亂今天邁向幸福的腳步呢？

不要為了忘卻而紀念

上天賜予我們很多寶貴的禮物，其中的一件就是「忘卻」。只是，我們總是習慣強調記憶，卻反而忽略了忘卻的功能和好處。

生活中的確有許多需要我們記住的東西，比如青春的美好、愉快的聚會……等等；但也有許多不好的記憶需要我們忘卻。只有忘記了那些不愉快，我們的腦海中才能有更多的空間儲存美好的事物。

然而，人們總是容易忘記快樂的事，對於不快的經歷卻牢記於心。換句話說，我們總是習慣忘記生命美好的一切，但對於痛苦的記憶卻總能銘記在心。

一旦痛苦過後，就應該想辦法告訴自己：不用再拿更多的時間陪著不快樂的回憶陪葬，學會忘卻。畢竟，我們已經為它付出過代價。

牢記感動，忘卻傷口

一位哲人曾經說過：「壞記性是變得幸福的一大法寶」。

我們總是習慣強調記憶，卻反而忽略了忘卻的功能和好處。

如果每個人都能夠在心底減少對小事的計較，忽略別人對你的不是，懷著坦然、灑脫的心境生活，那可以說是人生最大的幸福了。

學會忘記痛苦和錯誤，記住某位智者的話：「你的前世即使是被冤屈的鬼魂，但在經歷過痛苦的十字架之後，也會變成一個可愛的天使。」

有一次，阿拉伯著名作家阿里和他的兩位朋友吉伯、馬沙一起旅行。

三人在行經一處山谷時，馬沙不慎失足滑落。幸虧吉伯拼命拉住他，才將他救起。馬沙於是在附近的大石頭上刻下：「某年某月某日，吉伯救了馬沙一命。」

三個人繼續走了幾天，來到一處河邊坐下休息。這時，吉伯和馬沙為了一件小事吵了起來，吉伯一氣之下打了馬沙一耳光。馬沙跑到沙灘上寫下：「某年某月某日，吉伯打了馬沙一耳光。」

當三人旅行回來後，阿里好奇地問馬沙，為什麼當時要將吉伯救他的事刻在石上，而將吉伯打他的事寫在沙上？

馬沙回答說：「我永遠都感激吉伯救我，我會記住的。至於他打我的事，我只讓它隨著沙灘上字跡的消失，忘得一乾二淨。」

這個故事告訴我們：牢記那些讓我們感到快樂和感動的事，忘記那些讓我們不愉快的事，我們才更容易感到幸福和知足。

生活中總會有許多的痛苦和悲傷，如果我們時刻都記得，那麼人生也會越來越沉重，越來越悲傷。當你回憶往事時會發現，在人生當中，美好快樂的體驗僅僅只是一瞬間而已，僅僅佔據了很小的一部分，而大部分的時間都是伴隨著失望、憂傷和不滿。這樣的人生，你認為會是幸福的嗎？

當我們學會忘記一切不願記憶的東西時，心靈也會不再因為憎恨而蒙蔽，所有的一切煩惱也會變成過眼雲煙，人也會整個輕鬆起來，你也就找到了幸福。

只有忘記了那些不愉快，我們的腦海中才能有更多的空間儲存美好的事物。

✦ 幸福便利貼 ✦

The Pursuit of Happiness

適當地健忘一下有什麼不好呢？它能讓我們忘掉幽怨和傷心，淨化我們的心靈，讓我們有空間承載幸福。

生命本身就是一個吐故納新的過程。

吸取美好的事物，累積應該堆積的事物，淘汰那些讓我們不能感受幸福的廢物。正以為如此，人生難免有所為、有所不為；不學會忘卻痛苦，也就不會記住和沉澱幸福。

忘卻仇恨、忘卻憂愁、忘卻悲傷……，我們便能寬恕自己、解脫自己，讓自己的心靈變得潔淨、灑脫。當你的心不再沉重，幸福也會邁著優雅的腳步，向你走來……。

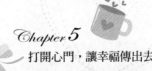

心頭若無煩惱事，便是人間好時節

在生活中，快樂和幸福其實時刻都在身邊，只是我們總喜歡看到不好的一面而已。要想擁有快樂，享受幸福，就必須學會讓自己從煩惱中解脫出來，真正從心底擁有幸福的美好時光。

隨著一縷陽光照進房間，我們醒來，呼吸第一口清新的空氣，雖然簡單卻很重要，我們依然活在這世上。

存在是幸福的。

即使很睏、很累，但仍要按時起床上班，說明我們沒有失業。

有工作是幸福的。

每天都很忙碌，即使要加班加點也總有做不完的事情，但這說明我們是被需要的。

被需要是幸福的。

即使正忙著，母親打電話來說點生活的瑣事，發點柴米油鹽的牢騷，說明父母身體健康，活力十足。

之所以感到煩惱，是我們自己捆住了自己的心。

雙親健在、健康，是幸福的。

工作發生錯誤，沒有拿到年終獎金，說明工作能力與主管的要求仍有一段距離，尚有進步的空間。

有希望是幸福的。

幾乎生活中所有的煩惱，只要我們願意換個角度去看，都可以發現它們並非不幸，反而可以看到幸福的一面。可見，煩惱都是自找的。之所以感到煩惱，是我們自己捆住了自己的心。

有一個年輕的富翁去找心理醫生，因為他對自己的事業和生活都感到迷茫。他向醫生訴說了諸多的煩惱：社會競爭激烈，公司發展面臨困境，女友要去一個人才雲集的大公司上班，可能會因此而移情別戀……。

醫生讓他將煩惱一一寫在紙上，判斷其是否真實，並將結果也一併記在旁邊。

經過思考，富翁發現真正讓自己煩惱的問題並不多。

他看著自己一一寫下的煩惱，不禁說：「無病呻吟！」

醫生微笑著對他點點頭，說：「你看過章魚吧？」富翁有些茫然。

「有一隻章魚，本來可以在大海裡自由遊動，享受幸福。但是它卻找了個珊瑚礁，然後動彈不得，說自己陷入了絕境。你對這個故事有什麼感覺？」醫生用故事的方式引導富翁思考。

富翁想了想，說：「我就是那隻章魚。」

醫生接著說：「當你陷入煩惱時，你就好比那只章魚。只要鬆開你的八隻『手』，就可以自由遊動。束縛住章魚的，是它自己的手臂，而不是珊瑚礁的枝椏。」

人的心也容易被種種煩惱和物欲所捆綁，其實多是作繭自縛，自投羅網。就如同章魚一般，自己捆住了自己。

不是煩惱離不開你，而是你撇不下它。其實，學會放開心壓在頭的這些煩惱事，你會發現生活也並非真的繼續不下去，幸福也並非遙不可及。

就如卞之琳在《斷章》詩所寫的那樣，我們常常看到的風景是：一個人總在仰望和羨慕著別人的幸福，一回頭，卻發現自己正被別人仰望和羨慕著。

✦ 幸福便利貼 ✦

The Pursuit of Happiness

當你努力一輩子，如果最終能換得心無罣礙，就已實現了生命最初的價值。

並不是所有在生活中遭遇磨難的人，精神上都會煩惱不堪。有些人本來就很幸福，看起來卻很煩惱；有些人本來有許多煩惱，看起來卻很幸福。

這說明，煩惱與生活中的不幸並沒有必然的聯繫，關鍵還是在於心態。

心態樂觀豁達，無論何時都能看到光明、美麗和快樂，這些人眼裡流露出的光彩也會令整個世界都流光溢彩。在這種光彩之下，寒冷也會變得溫暖，痛楚也會減輕。

活得簡單的人通常更容易幸福，因為他們計較得少，忘卻得多。雖然生活簡單粗糙，但卻能真實地覓得了人生的滋味。

留在原地，只會讓自己更苦惱

人的生命是由許多經驗累積出來的，如果我們不能與這些過程一同前進，不久就會發現自己的行為毫無意義，每天的生活都是前一天的重複，枯燥而無味。

然而，生活是不會靜止的，各種難題也會接踵而來，我們不能讓思想和情緒永遠停留在一個過去的地方，否則只會讓自己愈發苦惱。

其實，過去的苦惱不代表現在和未來。面對生活中的難題，我們應該積極地找出辦法來彌補昨日的創傷，而不是站在原地不停地緬懷。當你正為那已經過去的事而苦惱時，你應該想到這個古訓：船到橋頭自然直。

不要為打翻的牛奶而哭泣

如果你能讀盡各個時代偉大學者所寫的有關苦惱的書籍，你會發現很多類似的老生常談。只有我們遠離痛苦的所在之處，將痛苦拋在身後，就能在生活中繼續前行，直奔幸福。

過去的苦惱不代表現在和未來。

莎士比亞曾說過：「聰明的人永遠不會坐在那裡為他們的損失而悲傷，卻會很高興地去找出辦法來彌補他們的創傷。」

面對苦惱，為什麼要浪費眼淚呢？當然，犯下的錯誤是我們不對，但又能怎樣？誰不會犯錯？誰沒有過失？在漫長的歲月當中，每個人都會遇到一些令人不快的情況，但面對這些不快的態度我們卻可以選擇。

一九九五年，漢克斯醫生組織了一個旅行團去奧地利觀光。在維也納郊外，他們拜訪了一位八十四歲的健康老人、當年的滑稽大師保羅。

保羅對來訪者說：「各位客人來到我這裡，如果想向我這個『高級動物』學習，那你們就錯了。我建議，你們應該向我家裡的『低級動物』學習，它們就是小狗巴迪、小貓賴斯和小鳥莫莉。」

「小狗巴迪不論遭受過怎樣慘痛的欺淩和虐待，都會很快把痛苦拋在腦後，然後投入地仔細咀嚼找到的每根骨頭，盡情地享用著它的美味佳餚。」

「小貓賴斯也從不為任何事發愁。如果它感到煩惱不安時，它就會去睡一覺，然後就會恢復平靜和快樂。」

「小鳥莫莉是最懂得忙裡偷閒、享受生命的。即使樹叢裡有吃不完的東西，它也會經常停下來，站在枝頭唱一會兒。」

這就是一個近百歲老人對我們的忠告！

「借酒消愁愁更愁」，一個人只有擺脫瑣事和煩惱的糾纏，將苦惱拋開，像故事中的小狗巴迪、小貓賴斯和小鳥莫莉一樣，這樣才能有更大的活力去充滿創意、歡樂和幸福地生活。

當你邁開雙腳，拋開痛苦，將身後的一扇門關上時，你就能重新感受到生命中的快樂和輕鬆。一個人如果總是背負著沉重的包袱，為過去的錯誤傷感不已，那只會白白耗費眼前的大好時光，也等於在放棄現在和未來。

站在原地，不停地緬懷過去，只會讓自己更加煩惱。與其如此，我們不如學會將過去的錯誤和苦惱通通拋開，重新振作精神，讓自己的心靈獲得解脫，而不是讓過去的錯誤也成為明天的包袱。

每個人都會遇到一些令人不快的情況，但我們卻可以選擇面對的態度。

✦ 幸福便利貼 ✦

The Pursuit of Happiness

沉湎在過去的煩惱之中，只會讓今天的煩惱更多。人生要有所取，也要有所棄。只有學會忘掉昨天的煩惱，才能感受到今日的幸福。

泰戈爾曾經說過：「如果你為失去太陽而哭泣，你也將失去星星。」站在原地，對過去的煩惱念念不忘，只會令心靈不堪重負，使痛苦不僅縈繞著你的過去，還會牽制著你的未來。既然痛苦已成事實，再耿耿於懷又於事何補呢？最後深受其害的還是自己。

痛苦和煩惱往往只是人生中的一種體驗而已，若一味地讓它在心靈中蔓延，無異於給心靈上了一道枷鎖，這樣的人生又談何幸福與快樂？既然如此，我們不妨勇敢一點，邁開遠離煩惱的腳步，相信前面轉角一定就是柳暗花明。

放下越多，獲得越多

生活當中，我們最愚蠢的行為就是太執著於自己手中的東西，將自己的東西抓住不放，別人也不會將他的東西與你一起分享。

沒有放下，就沒有獲得，也就不會有快樂。人生縱然擁有錢財萬貫，也不過一日三餐；縱有廣廈萬間，也不過只用七尺床鋪容身。只可惜，我們總是不能明白。

要放下生活中所擁有的，可能很難，甚至會帶來一時的損失和心痛。然而真正學會放下後，你會發現所有的糾結和煩惱反而可以轉變成一片海闊天空。

放下不等於放棄，而是一種心靈的感悟、一種淡然的境界，一種對外界事物進退取捨、遠近厚薄的把握。

人生就像在爬山，本來是到山頂看風景的，可是身上背負著太多的欲望和追求，就會越爬越累，別說難以登上山頂了，就連欣賞沿途風景的心情都會蕩然無存。

放下，有時反而是一種得到。學會放下，才可以騰出手拿起更多的東西。

有時候，貪婪，就如同野獸般撕咬我們的靈魂和肉體。

學會放下，才可以騰出手來拿起更多的東西。

對酒杯的貪婪，讓許多仁人志士命喪黃泉；對女色的貪婪，讓無數達官顯貴鋃鐺入獄；對權力的貪婪，讓許多清官賢士誤入歧途；對金錢的貪婪，讓無數英雄豪傑背負名；……如果學會適時地放下，不知要避免多少悲劇發生呢！

人世紛繁，名利地位，私心欲念，聲色犬馬，該放下的就應該放下，否則事事都要抓在手裡，就都成了累贅。

生活中不少功成名就之人，或捐資濟世，或甘於淡泊，既入得世，又出得世，勇於並捨得放下；而他們在放下的同時，其實已獲得了意外的幸福。

這種幸福或許是無形的，但卻是更高層次的，它能使我們的人格得以提升，使我們的人生趨於完美。

宋朝的呂蒙正，曾被皇帝任命為副相。

呂蒙正第一天上朝時，人群裡突然有人大聲地譏諷他說：「哈哈，這種模樣的人也能入朝為相啊？」

可是呂蒙正卻像沒有聽見一樣，繼續平靜地往前走。這時，跟隨在他身後的幾個官員開始為他憤憤不平，拉住他的衣角，非要幫他查查到底是誰如此大膽，敢在朝堂上譏諷剛剛上任的宰相。

呂蒙正卻推開眾人說：「謝謝大家的好意，我為什麼一定要費盡心思地弄清是誰在說我呢？一旦知道了，一生都放不下了，往後還怎麼處事？」

呂蒙正之所以能成為大宋的一代名相，或許與他有一個能放下一切榮辱的胸襟分不開吧。

所以，人想要獲得幸福，就要學會放下，放下一切憎恨，放下一切貪欲，放下對功名利祿的追求，放下一切不愉快和記憶裡該忘記的東西，當然，也包括放下不屬於你的東西，放下的過程，其實也就是獲得的過程。

當你緊握雙手，裡面什麼都沒有；而當你鬆開雙手時，世界就在你手中。這便是放下的智慧。

✦ 幸福便利貼 ✦

The Pursuit of Happiness

永不放棄的東西未必終生都對你有益。

當上帝為你關掉一扇門的同時，也同時會為你打開一扇窗，我們不要只是不甘心那扇關上的門，而忘記那扇展現嶄新風景的窗。

因為一個永遠不想放下的人，是一個沉重的人，人生也不能承受生命如此之重。一個永遠不能放下的人，也難以擁有人生新的收穫和新的體驗。

放下心中零亂的思緒，放下那些一直在心裡發酵的情感，放下自己無形中一直在累積的壓力，放下自己那些盲目的追逐，放下背在背上的甲殼和陰影……，只有試著一點點去放下某些人、某些事、某些追求，才有可能打開心門，成就真正的幸福。

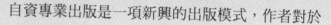

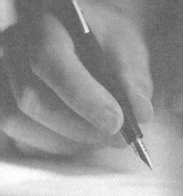

我們改寫了書的定義

董事長　王寶玲
總經理　兼　總編輯　歐綾纖
出版總監　王寶玲
印製者　紘億印刷公司

法人股東　華鴻創投、華利創投、和通國際、利通創投、創意創投、中國電視、中租迪和、仁寶電腦、台北富邦銀行、台灣工業銀行、國寶人壽、東元電機、凌陽科技(創投)、力麗集團、東捷資訊

◆台灣出版事業群　新北市中和區中山路2段366巷10號10樓
TEL：02-2248-7896
FAX：02-2248-7758

◆倉儲及物流中心　新北市中和區中山路2段366巷10號3樓
TEL：02-8245-8786
FAX：02-8245-8718

國家圖書館出版品預行編目資料

不完美，才能看見真幸福 / 黃德惠 著.—初版—.
新北市中和區；啟思出版集團，2011.05
面；公分
ISBN 978-986-271-060-9（平裝）

1. 幸福　　　　2生活指導
177.2　　　　　100005103

啟思 Cheese Group

不完美，才能看見真幸福

出 版 者 ◤ 啟思出版
作　　者 ◤ 黃德惠
品質總監 ◤ 王寶玲
總 編 輯 ◤ 歐綾纖
文字編輯 ◤ 劉汝雯
美術設計 ◤ 蔡億盈
內文排版 ◤ 新鑫電腦排版

本書採減碳印製流程並使用優質中性紙（Acid & Alkali Free）最符環保需求。

郵撥帳號 ◤50017206 采舍國際有限公司（郵撥購買，請另付一成郵資）
台灣出版中心 ◤ 新北市中和區中山路 2 段 366 巷 10 號 10 樓
電　　話 ◤ (02) 2248-7896　　　傳　　真 ◤ (02) 2248-7758
I S B N ◤ 978-986-271-060-9
出版日期 ◤ 2012年最新版

全球華文市場總代理 ◤ 采舍國際
地　　址 ◤ 新北市中和區中山路 2 段 366 巷 10號 3 樓
電　　話 ◤ (02) 8245-8786　　　傳　　真 ◤ (02) 8245-8718

全系列書系特約展示
新絲路網路書店
地　　址 ◤ 新北市中和區中山路 2 段 366 巷 10 號 10 樓
電　　話 ◤ (02) 8245-9896
網　　址 ◤www.silkbook.com

線上 pbook&ebook 總代理 ◤ 全球華文聯合出版平台
地　　址 ◤ 新北市中和區中山路 2 段 366 巷 10 號 10 樓
主題討論區 ◤www.silkbook.com/bookclub　● 新絲路讀書會
紙本書平台 ◤www.book4u.com.tw　● 華文網網路書店
電子書下載 ◤www.book4u.com.tw　● 電子書中心 (Acrobat Reader)

本書係透過華文聯合出版平台自資出版印行。